# BIBLIOTHÈQUE
# DES MERVEILLES

PUBLIÉE SOUS LA DIRECTION

DE M. ÉDOUARD CHARTON

## LES NAUFRAGES CÉLÈBRES

# DES MÊMES AUTEURS

### BIBLIOTHÈQUE DES MERVEILLES

Les météores ; 4ᵉ édition. 1 vol. illustré de 23 vignettes par Lebreton.

Les glaciers ; 3ᵉ édition. 1 vol. illustré de 45 vignettes par E Sabatier.

Volcans et tremblements de terre ; 4ᵉ édition. 1 vol. illustré de 62 vignettes par E. Riou.

Les ascensions célèbres ; 3ᵉ édition. 1 vol. illustré de 36 vignettes par A. de Bar.

Trombes et cyclones ; 1 vol. illustré de 42 vignettes par de Bérard et Riou.

### COLLECTION HETZEL

Les tempêtes ; 4ᵉ édition.

Histoire de la navigation ; 2ᵉ édition.

Le monde sous-marin ; 2ᵉ édition.

Géographie physique par Maury, traduit de l'anglais ; 3ᵉ édition.

Le monde ou nous vivons, leçons de Géographie, par Maury, traduit de l'anglais.

### BIBLIOTHÈQUE UTILE

Les phénomènes de la mer ; 3ᵉ édition.

Les phénomènes de l'atmosphère ; 3ᵉ édition.

Télescope et microscope.

### BIBLIOTHÈQUE FRANKLIN

La prévision du temps.

---

Typographie Lahure, rue de Fleurus, 9 à Paris.

BIBLIOTHÈQUE DES MERVEILLES

# LES
# NAUFRAGES
## CÉLÈBRES

PAR

ZURCHER ET MARGOLLÉ

TROISIÈME ÉDITION

REVUE ET AUGMENTÉE

OUVRAGE ILLUSTRÉ DE 30 VIGNETTES
PAR JULES NOËL

PARIS
LIBRAIRIE HACHETTE ET C<sup>ie</sup>
79, BOULEVARD SAINT-GERMAIN, 79

1877

Droits de propriété et de traduction réservés

# PRÉFACE

—

En choisissant dans les nombreux documents relatifs à l'histoire des naufrages les relations dont ce volume est composé, nous avons surtout cherché à réunir les principaux récits donnés par les acteurs mêmes des émouvantes scènes que nous avions à retracer. Ces récits, dans leur éloquente simplicité, n'attachent pas seulement par un intérêt dramatique que peu de fictions égalent; au milieu de navrants épisodes, ils offrent des exemples multipliés de courage et de dévouement, d'énergique persévérance, qui font appel aux plus généreux sentiments, aux plus nobles aspirations, et suscitent en nous ces forces morales dont le développement est étroitement lié au progrès des sociétés humaines.

# LES NAUFRAGES CÉLÈBRES

## I

### NAUFRAGE DE LA FLOTTE DE XERXÈS

> Hélas ! hélas ! notre flotte,
> Hélas ! hélas ! nos vaisseaux ont péri.
> ESCHYLE, *les Perses.*

Pendant que Xerxès se disposait à partir pour Abydos, on travaillait à construire des ponts sur l'Hellespont, afin de passer d'Asie en Europe.

Ceux que le roi avait chargés de ces ponts les commencèrent du côté d'Abydos et les continuèrent jusqu'à la côte fort rude qui s'avance dans la mer vis-à-vis de ce point : les Phéniciens, en attachant des vaisseaux avec des cordages de lin; et les Égyptiens, en se servant pour le même effet de cordages d'écorce de byblos. Or, depuis Abydos jusqu'à la côte opposée, il y a un trajet de sept stades. Ces ponts achevés, il s'éleva une affreuse tempête qui rompit les cordages et brisa les vaisseaux.

A cette nouvelle, Xerxès indigné fit donner dans sa colère trois cents coups de fouet à l'Hellespont, et y fit jeter une paire de ceps. J'ai ouï dire qu'il avait aussi envoyé, avec les exécuteurs de cet ordre, des gens pour en marquer les eaux d'un fer ardent. Il fit ainsi châtier la mer, et l'on coupa la tête à ceux qui avaient présidé à la construction des ponts.

Ceux qu'il avait chargés de cet ordre barbare l'ayant exécuté, il employa d'autres entrepreneurs à ce même ouvrage. Voici comment ils s'y prirent : ils attachèrent ensemble trois cent soixante vaisseaux de cinquante rames et des trirèmes, et de l'autre côté trois cent quatorze. Les premiers présentaient le flanc au Pont-Euxin, et les autres, du côté de l'Hellespont, répondaient au courant de l'eau, afin de tenir les cordages encore plus tendus. Les vaisseaux ainsi disposés, ils jetèrent de grosses ancres, partie du côté du Pont-Euxin, pour résister aux vents qui soufflent de cette mer, partie du côté de l'occident et de la mer Égée, à cause des vents qui viennent du sud et du sud-est. Ils laissèrent aussi en trois endroits différents un passage libre entre les vaisseaux à cinquante rames, pour les petits bâtiments qui voudraient entrer dans le Pont-Euxin ou en sortir.

Ce travail fini, on tendit les câbles avec des machines de bois qui étaient à terre. On ne se servit pas de cordages simples, comme on avait fait la première fois, mais on les entortilla, ceux de lin blanc deux à deux, et ceux d'écorce de byblos quatre à quatre. Le pont achevé, on scia de grosses pièces de bois suivant la longueur du pont, et on les plaça l'une à côté de l'autre sur les câbles, qui étaient bien tendus. On les joignit ensemble, et, lorsque cela fut fait, on posa dessus des planches jointes les unes avec les autres, et puis on les couvrit de terre qu'on aplanit. Tout étant fini, on pratiqua de chaque côté une barrière, de crainte que les chevaux et autres bêtes de charge ne fussent effrayés en voyant la mer.

Les ponts achevés, ainsi que les digues qu'on avait faites aux embouchures du canal du mont Athos [1], afin d'empêcher le flux d'en combler l'entrée, le canal même étant tout à fait fini, on en porta la nouvelle à Sardes, et Xerxès se mit en marche. Tandis qu'il était en route, le soleil quittant la place qu'il occupe dans le ciel, disparut, quoiqu'il n'y eût point alors de nuages, et la nuit prit la place du jour. Xerxès, inquiet de ce prodige, consulta les mages sur ce qu'il pouvait signifier. Les mages lui répondirent que le dieu présageait aux Grecs la ruine de leurs villes, parce que le soleil annonçait l'avenir à cette nation, et la lune à

---

[1] Ce canal, percé dans l'isthme qui joint le mont Athos au continent pour favoriser le passage de la flotte de Xerxès, avait été creusé par des détachements de tous les corps de l'armée perse, contraints au travail à coups de fouet.

la leur. Xerxès, charmé de cette réponse, se remit en marche.

Le jour même de leur arrivée à Abydos, les Perses se préparèrent à passer le pont. Le lendemain, ils attendirent quelque temps pour voir lever le soleil. En attendant qu'il se levât, ils brûlèrent sur le pont toutes sortes de parfums, et le chemin fut jonché de myrte. Dès qu'il parut, Xerxès fit avec une coupe d'or des libations dans la mer, et pria le soleil de détourner les accidents qui pourraient l'empêcher de subjuguer l'Europe avant que d'être arrivé à ses extrémités. Sa prière finie, il jeta la coupe dans l'Hellespont avec un cratère d'or et un sabre, à la façon des Perses. Je ne puis décider avec certitude si, en jetant ces choses dans la mer, il en faisait un don au soleil, ou si, se repentant d'avoir fait fustiger l'Hellespont, il cherchait à l'apaiser par ces offrandes.

.... L'armée de terre montait en total à dix-sept cent mille hommes. Voici comment se fit le dénombrement. On assembla un corps de dix mille dans un même espace, et les ayant fait serrer autant qu'on le put, l'on traça un cercle alentour. On fit ensuite sortir ce corps de troupes, et l'on environna ce cercle d'un mur à hauteur d'appui. Cet ouvrage achevé, on fit entrer d'autres troupes dans l'enceinte, et puis d'autres, jusqu'à ce que par ce moyen on les eut toutes comptées. Le dénombrement fait, on les rangea par nations.

Le nombre des vaisseaux était de douze cent sept. Les Perses, les Mèdes et les Sardes combattaient sur tous ces vaisseaux, dont les meilleurs voiliers étaient phéniciens, et principalement ceux de Sidon.

.... Tandis que les Grecs portaient en diligence du secours aux lieux qu'ils avaient ordre de défendre, les Delphiens inquiets et pour eux et pour la Grèce, consultèrent le dieu. La Pythie leur répondit d'adresser leurs prières aux vents, qu'ils seraient de puissants défenseurs de la Grèce. Les Delphiens n'eurent pas plutôt reçu cette réponse, qu'ils en firent part à tous ceux d'entre les Grecs qui étaient zélés pour la liberté; et comme ceux-ci craignaient beaucoup le roi, ils acquirent par ce bienfait un droit immortel à leur reconnaissance. Les Delphiens érigèrent ensuite un autel aux vents à Thya, où l'on voit un lieu consacré à Thya, fille de Céphise, qui a donné son nom à ce canton, et leur offrirent des sacrifices. Ils se les rendent encore actuellement propices en vertu de cet oracle.

.... L'armée navale des Perses ayant abordé au rivage de la Magnésie, située entre la ville de Casthanée et la côte de Sépias, les premiers vaisseaux se rangèrent vers la terre, et les autres se tinrent à l'ancre près de ceux-là. Le rivage n'étant pas, en effet, assez grand pour une flotte si nombreuse, ils se tenaient les uns à la suite des autres, la proue tournée vers la mer, sur huit rangs de hauteur. Ils passèrent la nuit dans cette position. Le lendemain, dès la pointe du jour, après un temps serein et un grand calme, la mer s'agita; il s'éleva une furieuse tempête, avec un grand vent de nord-est, que les habitants des côtes voisines appellent *hellespontias* (vent d'Hellespont). Ceux qui s'aperçurent que le vent allait en augmentant, et qui étaient en rade, prévinrent la tempête, et se sauvèrent ainsi que leurs vaisseaux, en les tirant à terre. Quant à ceux que le vent surprit en pleine mer, les uns furent poussés contre ces endroits du mont Pélion qu'on appelle Ipnes (Fours) ; les autres contre le rivage ; quelques-uns se brisèrent au promontoire Sépias ; d'autres furent portés à la ville de Mélibée ; d'autres enfin à Casthanée, tant la tempête fut violente.

On dit qu'un oracle ayant répondu aux Athéniens d'appeler leur gendre à leurs secours, ils avaient, sur l'ordre de cet oracle, adressé leurs prières à Borée. Borée, selon la tradition des Grecs, épousa une Athénienne, nommée Orithye, fille d'Érechthée. Ce fut, dit-on, cette alliance qui fit conjecturer aux Athéniens que Borée était leur gendre. Ainsi, tandis qu'ils étaient avec leurs vaisseaux à Chalcis d'Eubée pour observer l'ennemi, dès qu'ils se furent aperçus que la tempête augmenterait, ou même avant ce temps-là, ils firent des sacrifices à Borée et à Orithye, et les conjurèrent de les secourir, et de briser les vaisseaux des barbares, comme ils avaient été auparavant brisés aux environs du mont Athos[1]. Si, par égard pour leurs prières, Borée tomba avec violence sur la flotte des barbares, qui était à l'ancre, c'est ce que je ne puis

---

[1] Tandis que la flotte de Darius doublait cette montagne, il s'éleva un vent du nord qui maltraita beaucoup de vaisseaux et les poussa contre la côte ; il en périt 300, suivant Hérodote, et plus de 20,000 hommes.

dire; mais les Athéniens prétendent que Borée, qui les avait secourus auparavant, le fit encore en cette occasion. Aussi lorsqu'ils furent de retour dans leur pays, ils lui bâtirent une chapelle sur les bords de l'Illissus.

Il périt dans cette tempête quatre cents vaisseaux, suivant la plus petite évaluation. On y perdit aussi une multitude innombrable d'hommes, avec des richesses immenses. Les commandants de la flotte, craignant que les Thessaliens ne profitassent de leur désastre pour les attaquer, se fortifièrent d'une haute palissade qu'ils firent avec les débris des vaisseaux, car la tempête dura trois jours. Enfin les mages l'apaisèrent le quatrième jour, en immolant des victimes au vent, avec des cérémonies magiques en son honneur, et outre cela par des sacrifices à Thétis et aux Néréides, ou peut-être s'apaisa-t-elle d'elle-même [1].

[1] Hérodote, *Histoire de la lutte entre les Grecs et les barbares.*

## II

**NAUFRAGE DES VAISSEAUX DE L'ARMADA**

Il n'existe dans l'histoire de l'Angleterre aucun fait maritime dont l'importance puisse être comparée à la destruction de la flotte espagnole envoyée, en 1588, par Philippe II, pour conquérir le royaume d'Élisabeth. Jamais nos voisins d'outre-mer ne coururent un plus grand danger et ne déployèrent une constance plus courageuse. Ajoutons qu'ils ne furent jamais plus visiblement favorisés par la fortune.

Une rivalité politique envenimée par les dissentiments religieux préparait depuis longtemps la guerre entre le roi d'Espagne et la reine d'Angleterre. Les négociants des deux pays se disputaient depuis un demi-siècle les marchés du monde; les Espagnols avaient pour eux une supériorité maritime depuis longtemps acquise; les Anglais une activité plus jeune et une ambition inassouvie.

Quant aux chefs des deux nations, ils apportaient

dans cette lutte l'acharnement de convictions absolues. Si Philippe d'Espagne représentait le catholicisme le moins tolérant, Élisabeth d'Angleterre personnifiait le protestantisme le plus exclusif. Tandis que le premier livrait les hérétiques à l'inquisition en déclarant « qu'il porterait les fagots pour brûler son propre fils, s'il trempait seulement un pied dans l'hérésie, » l'autre condamnait à la prison et à l'amende quiconque assistait une seule fois à la messe, et frappait l'oubli de la moindre pratique protestante d'une amende de *vingt livres par mois*. Elle avait en outre établi une commission d'ecclésiastiques anglicans, chargés de prononcer sur toutes les opinions religieuses, et autorisés à employer l'emprisonnement et la torture.

On comprend la répulsion que devaient éprouver l'un pour l'autre deux souverains aussi opposés et aussi tyranniques dans leurs croyances respectives.

Des griefs politiques vinrent se joindre à ces motifs d'hostilité. Dès 1578, l'amiral Drake avait ravagé les côtes du Pérou, et, un peu plus tard, Philippe avait soudoyé les troupes que le duc de Parme conduisit aux rebelles d'Irlande. En 1585, des escadres anglaises avaient attaqué, sans déclaration de guerre, Saint-Domingue et Carthagène. Une année plus tard, Drake insulta Lisbonne et détruisit, à Cadix, une flotte entière de navires de transport. Tant d'injures appelaient une vengeance; Philippe voulut y répondre par la conquête de l'Angleterre.

Malgré la perte des Pays-Bas, c'était encore le plus

puissant prince du monde. Non-seulement il possédait les Espagnes, Naples, la Sicile, le duché de Milan et la Franche-Comté, mais il commandait à Tunis, à Oran, au cap Vert et aux îles Canaries, et possédait plus de la moitié de l'Amérique.

Il équipa pour son expédition contre l'Angleterre la flotte la plus formidable qu'on eût vue jusqu'alors sur l'Océan : elle comptait vingt-deux mille hommes de débarquement, distribués sur cent cinquante-deux vaisseaux, et devait prendre en Flandre vingt-cinq mille vieux soldats, commandés par Alexandre Farnèse. Enfin douze mille Français étaient réunis en Normandie pour se joindre à eux.

La flotte avait pris le nom ambitieux de l'*Invincible Armada*.

Malheureusement ce gigantesque armement avait entraîné des délais. L'Angleterre eut le temps de se mettre en défense. Élisabeth parcourut son royaume pour encourager le peuple à la résistance. Le besoin d'animer les esprits fit créer le premier journal qui ait paru en Angleterre, l'*English Mercury*. On conserve encore au Musée britannique un exemplaire de cette curieuse publication, imprimée en lettres romaines. La reine réunit au camp de *Tilbury* tous les soldats qu'elle put rassembler, en passa la revue à cheval et déclara qu'elle marcherait elle-même à l'ennemi.

Les quinze mille matelots que possédait l'Angleterre furent embarqués sur cent quatorze navires, dont le plus fort n'était que de trois cents tonneaux. Un seul, nommé le *Triumph*, portait quarante canons.

Mais cette escadre, à laquelle manquait la force matérielle, avait la force intelligente, qui peut seule faire valoir l'autre, et qui souvent la remplace. Elle était commandée par les meilleurs marins du temps : Drake, Hawkins, Frobisher et Charles Howard. Les Hollandais, de leur côté, avaient équipé quatre-vingt-dix navires, qui furent, pour la flotte anglaise, de très-utiles auxiliaires.

L'*Invincible Armada* devait avoir pour amiral le marquis de Santa-Cruz ; mais il mourut pendant les préparatifs, et le commandement fut donné au duc de Medina-Sidonia, marin de cour, dont la présomption égalait l'ignorance. Santa-Cruz avait recommandé de s'assurer un port en cas de tempête ou d'échec, et le duc de Parme proposa de s'emparer de Flessingue ; mais le nouvel amiral déclara la précaution inutile, et il appareilla le 19 mai 1588.

Philippe le vit partir le cœur enorgueilli des plus hautes espérances, bien que le souvenir du passé eût dû le rendre moins confiant. De tout temps la mer lui avait été ennemie. Outre l'expédition de Medina-Celi contre Tripoli, dont le résultat avait été si funeste, il avait vu, en revenant des Pays-Bas, une escadre entière broyée par la tempête, presque sous ses yeux, et la précieuse collection de tableaux recueillie par Charles-Quint, en Flandre et en Italie, disparaître sous les flots. L'*Invincible Armada* ne fut pas plus heureuse ; accueillie par un ouragan à la hauteur du cap Finistère, elle perdit plusieurs vaisseaux sur les côtes de la Galice et de la France. Un prisonnier anglais, qui faisait partie de la chiourme d'un des navires, excita ses compagnons à la révolte, s'empara du bâtiment qu'il montait, en attaqua deux autres qu'il prit à l'abordage, et gagna un port de France.

La flotte, désemparée et déjà revenue de son orgueilleuse assurance, se réfugia dans la rade de la Corogne, où elle passa trois semaines à réparer ses avaries.

Ce premier désastre fut annoncé à Élisabeth comme la destruction complète des ennemis, et elle ordonna aussitôt le désarmement des vaisseaux anglais. Par bonheur, Charles Howard tarda à lui obéir, et l'on apprit la réapparition de l'escadre espagnole.

Victime encore une fois de l'ignorance de ses pilotes, elle avait pris le cap Lizard pour celui de Ram, près de Plymouth. Elle perdit du temps à poursuivre quelques vaisseaux anglais qui lui échappèrent, et se dirigea enfin vers la France et la Flandre, où elle allait prendre les deux corps d'armée avec lesquels devait s'accomplir la conquête de l'Angleterre. Mais sa marche était lente et inégale; poursuivie par l'ennemi, dont les bâtiments légers la harcelaient, elle vit son arrière-garde coupée le 21 juillet. L'amiral fut forcé de l'attendre pour la dégager. Au bout de six jours, l'*Invincible Armada* n'avait pu encore atterrir au port flamand; elle alla imprudemment jeter l'ancre près de Calais.

La côte lui était inconnue, le ciel annonçait un prochain ouragan. Au milieu de la nuit, des brûlots lancés par les Anglais vinrent tomber au milieu de l'escadre. Les capitaines effrayés coupèrent leurs câbles et s'efforcèrent de gagner la haute mer. Dans cette manœuvre précipitée, plusieurs navires s'abordèrent ; le lendemain, la flotte entière se trouva dispersée le long de la côte de Calais à Ostende ; les vaisseaux anglais l'attaquèrent sur plusieurs points, mais principalement dans la direction de Gravelines. Le vent se déclara contre les Espagnols, qui perdirent des navires sur les bas-fonds des bouches de l'Escaut.

Cependant le peu de forces des Anglais permit à la plus grande partie de l'*Armada* d'échapper à ce nouveau péril ; bien qu'elle eût perdu quinze vaisseaux et près de cinq mille hommes, elle était encore assez forte pour tenir tête à l'ennemi. Le duc de Médina-Sidonia ne montra pas plus de résolution qu'il n'avait montré d'habileté. Il donna l'ordre de la retraite, et, pour mieux éviter ses adversaires, il voulut doubler les Orcades.

Une fois engagé dans ces mers orageuses et ignorées, sa perte était certaine. Une tempête jeta dix sept navires sur la côte d'Irlande, où tous les Espagnols qui purent gagner la terre furent massacrés. Beaucoup d'autres vaisseaux furent brisés sur les rochers des îles écossaises ; enfin, lorsque l'*Invincible Armada* put atteindre le port de Saint-André, elle était réduite à quarante-six navires! Il fut établi que l'expédition entraîna pour l'Espagne une perte de cent vingt millions.

En apprenant cette nouvelle, Philippe se contenta de dire : « J'avais envoyé combattre les Anglais et non les tempêtes ; que la volonté de Dieu soit faite! »

Il fit ordonner ensuite des prières d'actions de grâce pour remercier le ciel de ce que quelques vaisseaux avaient échappé, et il écrivit au pape ces paroles remarquables : « Saint-Père, tant que je resterai maître de la source, je regarderai comme peu de chose la perte d'un ruisseau; je remercie l'arbitre suprême des empires qui m'a donné le pouvoir de réparer aisément un malheur que mes ennemis ne doivent attribuer qu'aux éléments qui ont combattu pour eux. »

La joie des Anglais fut proportionnée au danger qu'ils avaient couru. Ils célébrèrent leur victoire par une fête que l'on a comparée aux triomphes romains. Une médaille fut frappée avec cette légende : « *Dux femina facti* : Une femme a tout conduit; » mais le doyen de Saint-Paul fit sentir adroitement à la reine l'orgueil impie de cette inscription en prenant pour texte du sermon qu'il prononça à cette occasion le verset : « *Nisi Dominus custodierit civitatem* : Que serait devenue la cité, si Dieu ne l'eût gardée? » Élisabeth comprit la leçon et fit frapper une seconde médaille avec la légende : « *Afflavit Deus et dissipantur* : Dieu a soufflé, et ils ont été dispersés. »

Une tapisserie du temps d'Élisabeth, conservée au Parlement et brûlée lors du dernier incendie, représentait également la destruction de l'*Invincible Armada*.

Tous les poëtes du temps célébrèrent *ce jugement de la droite du Seigneur*, et les chansons populaires en ont conservé le souvenir. Quelques couplets de l'une de ces dernières ont été recueillis et publiés parmi les ballades maritimes de l'Angleterre.

Naufrage des vaisseaux de l'Armada (1588).

« — Mousse, combien sont-ils de navires sur la mer, et combien vois-tu de grands pavillons ? — Maître, ils sont autant que les moules sur le rocher, et il y a chez eux plus de pavillons de soie que de bonnets de matelots sur notre flotte.

« Ils ont autant de rames que les poissons de la Manche ont de nageoires, et autant de canons que notre virginale reine porte de perles dans les grands jours ; leurs matelots sont aussi nombreux que les grains de sel sur un quartier de bœuf d'Irlande.

« . . . . . . . . . . . . . . . .

« — Mousse, que vois-tu venir là-bas contre eux ? — Maître, je vois les petits vaisseaux de l'Angleterre qui accourent en battant des ailes comme des oiseaux de mer. — Et que vois-tu encore après ? — Je vois nos bons amis les vents et nos grand'mères les vagues salées.

« . . . . . . . . . . . . . . . .

« — Mousse, que vois-tu maintenant sur l'Océan ? — Maître, je vois les débris des navires espagnols qui fument comme des mottes de terre qu'on brûle dans les champs ; je vois les flots qui roulent des pavillons de soie, des canons et des matelots, au teint de cuir. — Et plus loin, plus loin ? — Plus loin, maître, je vois le drapeau de la glorieuse Angleterre qui se promène seul sur la mer, comme le soleil dans les cieux[1]. »

[1] *Magasin pittoresque,* tome XVII.

# III

## NAUFRAGE DE LA FRÉGATE ANGLAISE LE SPEEDWELL

### JOURNAL DE JEAN WOOD

Les premiers explorateurs des régions polaires furent les baleiniers, qui poursuivaient leur proie de refuge en refuge, jusque dans les parages où les cétacés trouvaient un abri derrière les banquises de glace. Un intérêt commercial très-important poussa d'autres navigateurs dans les mêmes mers. Ces marins cherchaient à découvrir au delà des limites boréales de l'Asie et de l'Amérique un passage pour atteindre les riches contrées de l'Inde et de la Chine. Ils avaient à résoudre un problème difficile auquel il n'a été donné que récemment une réponse purement géographique, car on a reconnu en même temps l'impossibilité de se servir des routes trouvées pour la circulation suffisamment facile exigée par un trafic régulier.

Les premières tentatives du côté nord-est ont été

faites par les Hollandais, parmi lesquels l'habile et courageux capitaine Barentz a surtout acquis un grand renom[1]. Il périt dans sa troisième expédition, après avoir débuté par la découverte du Spitzberg. Sur les côtes de la Nouvelle-Zemble, les glaces bloquèrent son navire de telle sorte qu'il fut obligé de l'abandonner. Il se réfugia avec son équipage dans deux embarcations non pontées, et osa faire route vers le continent à travers une mer très-agitée et parsemée de glaces. Un port fut heureusement atteint après que la grande distance de onze cents milles eut été franchie; mais le vaillant capitaine, déjà malade depuis longtemps, avait succombé pendant la traversée.

Cette expédition avait eu lieu dans les dernières années du seizième siècle. Au commencement du dix-septième, les Anglais cherchèrent également du même côté le passage des Indes orientales, entre autres les capitaines Fox et James, en 1632; mais on n'obtint pas plus de succès que précédemment, et une assez longue période de découragement s'ensuivit.

Rien n'avait été entrepris depuis plus de trente ans lorsque, en 1675, un marin anglais, Jean Wood, qui avait acquis une réputation d'excellent navigateur, proposa de faire une nouvelle tentative, dans un remarquable mémoire qu'il présenta au roi et au duc d'York. Une commission, composée des personnes les plus compétentes en ce qui concernait la navigation arctique, l'examina et émit un avis favorable au projet.

---

[1] *Voyageurs anciens et modernes*, par M. Éd. Charton, tome III.

Jean Wood fut nommé au commandement de la frégate *le Speedwell*, construite par le meilleur ingénieur de l'Angleterre, et il eut en outre sous ses ordres un navire plus petit, la pinque *le Prospère*, commandée par le capitaine Guillaume Flawes.

Ces bâtiments mirent à la voile le 28 mai 1676, et pendant le premier mois leur navigation ne présenta rien d'extraordinaire. On voit seulement que Jean Wood suivit fidèlement les indications de Barentz, en gouvernant au nord-est à partir du cap Nord, afin de tomber comme lui entre le Groënland et la Nouvelle Zemble. Toutefois, vers le 22 juin, il rencontra la banquise et se mit à la côtoyer, en avançant vers l'est. Il avait l'espoir, à chaque pointe de glace qu'il doublait, de trouver une mer libre devant lui. La réalité ne répondit pas à son attente, et lorsqu'il arriva en vue des terres de la Nouvelle-Zemble, la mer était entièrement obstruée par les glaces.

Depuis le 23 jusqu'au 28 juin, il essaya de pénétrer par toutes les ouvertures apparentes, mais ne trouva aucun passage. Le temps était généralement calme, avec d'épais brouillards.

Le 29, les deux navires se trouvaient au milieu des glaces flottantes, et toujours en vue de la Nouvelle-Zemble, lorsque le *Speedwell* donna sur un écueil et s'y échoua, sans pouvoir être relevé. Le *Prospère* put virer de bord à temps.

Dans une situation aussi fâcheuse, Jean Wood justifia pleinement la haute opinion qu'on avait de son habileté et de son sang-froid. Contrarié par la violence du vent et l'agitation de la mer, il ne put empêcher la perte de sa frégate, mais il eut, du moins, la satisfaction de sauver son équipage. Nous transcrivons l'intéressante relation que son journal donne de ce naufrage :

« Nous étions, dit-il, le 29 juin au matin, entre les glaces et nous pensâmes y être enfermés. Tout le jour le temps fut fort embrumé et le vent à l'ouest. Nous avions le cap au sud-sud-ouest, et par notre estime nous présumions que la terre la plus occidentale demeurait à l'est-sud-est : erreur qui fut la cause de notre infortune. Le capitaine Flawes tira un coup de canon pour avertir qu'on touchait aux glaces, et porta sur nous. Peu s'en fallut que les deux bâtiments ne se choquassent et ne périssent ensemble. Le *Speedwell* fut le seul malheureux ; dans son mouvement, il toucha sur un écueil, tandis que la pinque prit le large. Notre vaisseau fut trois ou quatre heures à se tourmenter sur le rocher ; mais quelque effort que nous fissions, nous ne pûmes parvenir à le relever à cause de la violence du vent.

« Après quelques heures d'incertitude et de crainte, nous découvrîmes le rocher sous la poupe. J'ordonnai aussitôt de débarquer les chaloupes avant d'abattre les mâts, et j'envoyai un maître avec la pinasse vers le rivage pour voir s'il n'y avait pas moyen de prendre terre. Il revint une demi-heure après, et nous dit qu'il n'y avait pas possibilité de sauver un homme, le rivage étant inaccessible et battu par une mer affreuse. A cette triste nouvelle, nous implorâmes tous la miséricorde divine. Nos prières finies, la brume se dissipa en partie ; je découvris alors une petite pointe de rivage où je présumais qu'on pourrait prendre terre, et j'y envoyai la pinasse avec quelques matelots pour y aborder, mais ils n'osèrent le tenter. Je me dé-

Naufrage du *Speedwell* (1676).

terminai à expédier la chaloupe, montée par vingt hommes, qui furent plus hardis et entraînèrent ensuite les autres.

« Ceux qu'on avait mis à terre m'ayant fait demander des armes à feu et des munitions pour se défendre contre les ours, qui paraissaient en grand nombre, je fis mettre dans la pinasse deux barils de poudre, des armes à feu, quelques provisions, mes papiers et mon argent ; mais elle chavira à peu de distance de la frégate, et tout fut perdu. L'embarcation se brisa elle-même, et il ne resta plus que la chaloupe. La mer continuant d'être en furie, la plupart des matelots qui étaient à bord nous forcèrent, mon lieutenant et moi, à abandonner le bâtiment, disant qu'il était impossible que la chaloupe pût soutenir longtemps les secousses de la mer, et qu'ils aimaient mieux périr eux-mêmes que de me voir englouti dans les eaux, se contentant de me recommander de leur renvoyer la chaloupe aussitôt que nous serions à terre.

« Nous n'étions pas arrivés à moitié chemin du rivage, lorsque nous vîmes la frégate se renverser ; de sorte que nous fîmes la plus grande diligence pour y retourner, afin de sauver ces pauvres gens qui m'avaient témoigné tant d'affection. Ce ne fut pas sans beaucoup de peine que je pus y arriver ; tous entrèrent dans la chaloupe, à l'exception d'un seul, qu'on laissa pour mort. Il avait été renversé avec la pinasse et semblait noyé.

« L'eau ayant pénétré jusqu'au premier pont dans le bâtiment, nous ne pûmes emporter que deux sacs de biscuit, quelques pièces de porc et un peu de fromage. On parvint à tirer la chaloupe sur le rivage.

« Les hommes qui avaient gagné terre avant nous étaient rassemblés à peu de distance sur une hauteur ; les uns allumaient du feu et les autres dressaient une tente reposant sur des avirons et des barres. Nous creusâmes à la hâte un fossé pour nous garantir des ours. Ces animaux, d'une grandeur prodigieuse, et aussi hardis que féroces, étaient venus nous faire visite aussitôt notre arrivée. Un coup de fusil leur avait fait rebrousser chemin. Nous passâmes la nuit sous la tente, extrêmement fatigués, toujours mouillés et pénétrés de froid.

« Le lendemain matin, le matelot que nous avions laissé à bord revint à lui et eut la force de monter sur le mât d'artimon ; c'était le seul que nous n'avions pas abattu. Ce matelot s'était fait aimer, et nous le reçûmes avec la plus grande joie dans la chaloupe au premier voyage qu'elle fit au lieu du naufrage.

« Le 1$^{er}$ juillet, le vent continua avec la même force et fut accompagné de brouillards très-épais et de neige. Nous nous occupâmes à dresser de nouvelles tentes. Le vaisseau, toujours battu par les vagues, ne tarda pas à être mis en pièces ; la mer en jeta la plus grande partie sur le rivage, et ces débris vinrent fort à propos pour nous mettre à l'abri et pour faire du feu. Nous fûmes encore assez heureux pour recueillir quelques tonneaux de farine, plusieurs barils d'eau-de-vie et de bière, avec des pièces de bœuf et de porc.

« Le 2 juillet, on tua un grand ours blanc ; on le dépeça, et nous trouvâmes sa chair très-bonne.

« Cependant nous étions entre la crainte et l'espérance. Tantôt nous nous flattions que le beau temps apparaîtrait et que le capitaine Flawes nous découvrirait, ce que nous ne pouvions espérer pendant la durée des brouillards ; tantôt nous appréhendions qu'il n'eût fait aussi naufrage et que nous ne le revissions jamais. Après avoir beaucoup réfléchi sur ces motifs d'espoir et de crainte, je me déterminai à faire hausser de deux pieds les bords de la chaloupe et à la faire couvrir d'un pont, pour empêcher autant que possible l'eau d'y entrer. Je pris en même temps la résolution d'aller à voiles et à rames jusqu'en Russie.

« Lorsque je fis part de mon projet aux matelots, ils en conçurent de l'ombrage. La chaloupe ne pouvait contenir que trente hommes, et ils étaient résolus à se sauver tous ou à demeurer tous ensemble. Quelques-uns même, plus alarmés de mon dessein, complotèrent de le faire échouer en mettant la chaloupe en pièces, pour courir tous la même fortune.

« Les jours s'écoulaient et nous laissaient dans la plus triste perplexité. Quelques matelots proposèrent alors d'allonger la chaloupe de douze pieds, pensant qu'ainsi agrandie, elle serait suffisante pour embarquer tout l'équipage. La proposition fut examinée et débattue plus d'une fois; mais, après avoir considéré que les matériaux et les ouvriers manquaient, qu'un aussi petit bâtiment ne pourrait jamais être assez prolongé pour contenir tout le monde, le plus grand nombre des matelots s'opposa à ce que la construction fût commencée. Ils aimaient mieux, disaient-ils, aller par terre jusqu'au canal de Weigaz, qui sépare la Nouvelle-Zemble de la Samojédie, et près duquel ils espéraient trouver des barques russes. Le péril imminent où nous nous trouvions pouvait seul inspirer cette résolution ; l'exécution en était évidemment impraticable à cause de la longueur et de la difficulté du chemin, entrecoupé de montagnes et de vallées inaccessibles, sans compter les rivières qui nous arrêteraient à chaque pas. Dans la supposition même de trouver la route praticable, nous avions trop peu de provisions de bouche pour atteindre le but de notre voyage, et de munitions pour nous défendre des bêtes féroces.

« Cependant, si d'un côté je ne voyais aucune apparence de pouvoir nous sauver par terre, de l'autre il n'y avait pas moins de difficulté par mer, puisque la chaloupe, quelque travail qu'on y fît, ne pouvait contenir que trente hommes. Que deviendraient les quarante délaissés, sans provisions, dans un pays aride et presque sans espoir d'en sortir? Ainsi la terre et la mer nous refusaient également le passage.

« Je laisse à concevoir dans quelle extrémité nous nous trouvions alors, et quelle devait être l'agitation de mon esprit. Toutes mes pensées ne s'arrêtaient que sur un avenir tragique. Pour comble de malheur, le temps était si mauvais que, pendant neuf jours, nous eûmes toujours de la neige, de la pluie et un brouillard très-épais.

« Nous touchions à l'extrémité du désespoir, lorsque l'air s'éclaircissant dans la matinée du 8 juillet, nous découvrîmes avec une joie inexprimable la pinque du capitaine Flawes; elle était à peu de distance du rivage. Je fis sur-le-champ allumer un grand feu; il l'aperçut, et soupçonnant notre infortune, il se dirigea aussitôt vers nous et nous envoya ses embarcations. A peine avaient-elles abordé, que nous détruisîmes tout ce qui avait été fait à notre chaloupe; elle fut bientôt mise à flot. Vers midi, le même jour, nous fûmes tous rendus heureusement sur le navire du capitaine Flawes. Nous laissâmes à terre tout ce qui avait été sauvé de la frégate, car nous craignions trop qu'un nouveau brouillard ne vînt encore nous surprendre. Le *Prospère* mit à la voile, et nous entrâmes, le 23 août, dans la Tamise, après une très-bonne traversée. »

# IV

### INCENDIE ET NAUFRAGE DES GALIONS D'ESPAGNE DANS LA BAIE DE VIGO

Lors de la guerre de la succession d'Espagne, l'Angleterre et la Hollande avaient embrassé la cause de l'empereur d'Autriche contre Louis XIV et Philippe V; le prince Eugène avait battu Catinat; Villeroi n'avait pas eu plus de chance. Les troupes françaises étaient mal nourries, mal équipées, sans munitions, rarement soldées. L'armée espagnole était dans un état plus affligeant encore; pour mieux dire, elle n'existait pas.

Mais la France et l'Espagne attendaient de jour en jour un convoi de galions parti des Indes occidentales et chargé d'un milliard huit cents millions de réaux, sans compter les marchandises précieuses. Il était à craindre néanmoins que ce convoi ne fût capturé par la flotte anglo-hollandaise, qui bloquait soigneusement les côtes méridionales d'Espagne.

L'amiral de Château-Renault était sorti de Brest avec une escadre forte de quinze bâtiments pour aller à la rencontre des fameux galions, que guidait le comte de Velasco, et pour les escorter jusqu'à Cadix.

L'amiral français rallia le convoi à la hauteur des îles Canaries; il conseilla vivement à l'amiral espagnol de faire voile vers un port français, l'ennemi surveillant de près la côte d'Espagne. En effet, les Anglais et les Hollandais, ayant aperçu le convoi à la hauteur du cap Saint-Vincent, mirent à sa poursuite leurs plus fins voiliers. Les Français et les Espagnols, serrés de près, côtoyèrent le Portugal et se jetèrent dans la baie de Vigo, dont ils fortifièrent en grande hâte l'entrée et les abords (22 octobre 1702).

Pendant que le combat se préparait, Velasco essayait de faire décharger son convoi; mais l'ennemi se hâta de jeter à terre un petit corps de six cents hommes, qui s'empara de près de quatre millions de réaux en argent brut, et empêcha le déchargement des autres galions, qui se rapprochèrent de la ligne de bataille formée par les vaisseaux français. L'amiral anglais était bien décidé à agir d'une façon foudroyante et à s'emparer d'un convoi qui portait, on peut le dire, la fortune de l'Espagne.

Monté sur le *Torbay*, il donna le signal de l'attaque et s'élança à toutes voiles sur les chaînes qu'avait fait tendre à l'entrée de la baie l'amiral de Château-Renault. Ces chaînes, il les brisa par un choc formidable et vint se heurter contre la ligne française, tandis qu'une quinzaine de vaisseaux de haut bord s'engouffraient à sa suite dans la baie.

Château-Renault fit des prodiges de valeur ; il parvint à incendier le vaisseau anglais *le Montmouth*, que montait le célèbre commodore Hopson, mais, accablé par le nombre, il se transporta sur le galion *Almirante*, où se trouvait Velasco, et là il fut convenu qu'on coulerait bas tous les galions du convoi pour les préserver d'une capture certaine. Les galions furent sabordés et incendiés.

A diverses époques, on a essayé de repêcher les immenses richesses en or et en argent ainsi disparues dans les flots : on n'avait pu y parvenir. Durant l'automne de 1869, on annonça qu'une société s'était formée pour reprendre l'entreprise. Les appareils dont on devait se servir pour relever les galions étaient de grands cylindres en tôle qu'on coule, pleins d'eau, le long des flancs du navire, et qu'on y attache avec des chaînes passées sous la quille si l'on peut. Les cylindres sont alors remplis de gaz et relèvent le bâtiment par leur force ascensionnelle.

Nous ajouterons à ce résumé, extrait du *Bulletin de l'Association scientifique de France* [1], les détails suivants donnés par un journal espagnol [2]. Onze galions ont été reconnus, et leur place a été nettement déterminée. Un ingénieur français est venu avec un

---

[1] N° du 29 mai 1870.
[2] *Gaceta de los caminos de hierro.*

Recherche des galions dans la baie de Vigo.

outillage complet et des appareils de dragage perfectionnés. Du premier galion que l'on a visité, à l'aide de grandes cloches à plongeur, on a retiré quatre lingots d'argent recouverts d'une couche de plomb. Cette enveloppe était dans un état complet d'altération. Un des quatre lingots dépouillés pesait vingt livres environ; les autres sont d'un poids moindre. On a retiré ensuite une grande quantité d'objets plus ou moins riches, des bois précieux bien conservés, des armes, des porcelaines, des pièces d'argenterie, etc. Ces découvertes, tout en excitant fortement la curiosité, permettaient aux promoteurs de l'entreprise de concevoir de légitimes espérances, qui, malheureusement, n'ont pas été réalisées.

# V

## NAUFRAGE DU SAINT-GÉRAN

### EXTRAITS DES PROCÈS-VERBAUX DU NAUFRAGE

Les *Annales maritimes et coloniales* de 1822 renferment les procès-verbaux de ce naufrage, transmis à leur directeur par M. le baron Milius, ancien gouverneur de l'île Bourbon, avec des réflexions dont voici la substance :

« Les déclarations de quelques infortunés échappés au naufrage du vaisseau de la Compagnie des Indes *le Saint-Géran* en 1744, viennent d'être retrouvées au greffe de la cour d'appel de l'île Maurice, transféré à l'île Bourbon. En les publiant, on rétablira des faits dignes de la vérité de l'histoire.

« Ces déclarations ont été reçues par un juge du conseil supérieur, M. Herbaut, et par son greffier, M. Molère. Si ce magistrat eût pu prévoir alors toute l'importance dont seraient un jour ces procès-verbaux, que de renseignements n'y aurait-il pas consignés? Tels qu'ils sont, on retrouve le canevas du roman de Bernardin de Saint-Pierre dans la description du lieu de la scène, dans les efforts de MM. de Peramont, de Villarmois et Longchamps de Montendre, pour arracher à la mort mesdemoiselles Mallet et Caillon, qui, dans un moment d'horreur, s'étaient livrées à leur générosité et à leur courage. Que ces noms au moins échappent à l'oubli; et puissent-ils, associés désormais aux noms de Paul et Virginie, partager le touchant intérêt qu'inspire le récit de leurs chastes et malheureuses amours ! »

### DÉPOSITIONS DES MATELOTS SAUVÉS DU NAUFRAGE DU VAISSEAU LE SAINT-GÉRAN

L'an 1744, le 22 août, sont comparus au greffe de cette île, Pierre Tassel, de Lorient, bosseman ; Alain Ambroise, bosseman, et Thomas Chardrou, matelot, tous trois réchappés du naufrage du vaisseau *le Saint-Géran*, lesquels ont déclaré ce qui suit :

Qu'ils étaient partis de Lorient le 24 mars, capitaine, M. Delamarre; Malles, premier lieutenant; Peramont, second lieutenant; Longchamps de Montendre, premier enseigne; Lair, second enseigne et écrivain; le chevalier Boette, enseigne surnuméraire.

Le lundi, 17 août, à quatre heures du soir, ayant eu connaissance de l'île Ronde, on serra toutes les voiles, hors le grand hunier et la misaine. Alors M. Delamarre consulta ses officiers sur le parti qu'il y avait à prendre, la terre étant encore à six lieues, et la nuit approchant. Il était d'avis de profiter du beau clair de lune, de donner dans les îles et de venir mouiller au Tombeau. M. Malles, son second, l'en dissuada, et lui dit qu'il valait mieux mettre à la cape; que le lendemain au jour on donnerait dans les îles. Le sieur Lair appuya ce sentiment, et dit qu'il était pratique de la côte, et qu'il n'y avait aucun danger à tenir la cape sous la grand'voile. M. Delamarre leur dit : « Messieurs, vous êtes plus pratiques de la côte que moi; il y a vingt ans que je suis venu ici sur le *Saint-Albin;* mes idées se sont effacées, et je m'en remets à vous de la conduite du vaisseau. »

On continua d'aller à petites voiles, le cap sur l'île Ronde, jusqu'à six heures et demie qu'on mit à la cape sous la grand'voile, l'amure à bâbord. A minuit, le sieur Lair prit le quart. Ledit sieur Lair vint à l'avant pour allumer sa pipe, et Pierre Tassel, ici présent, qui était de quart sur le gaillard d'avant, voyant venir le sieur Lair, lui dit : « Monsieur, il me semble que nous approchons bien la terre. » Un moment après, le sieur Lair retournant sur le gaillard d'arrière, le nommé Olivier Brevenne, qui a péri dans le naufrage, dit au sieur Lair la même chose que Pierre Tassel lui avait dite; il répondit à l'un et à l'autre : « Je connais la côte, ne vous embarrassez pas. »

Sur les deux heures et demie après minuit, M. Delamarre vint sur le pont, et dit au sieur Lair : « Nous avons assez couru sur ce bord, il faut mettre sur l'autre. » Aussitôt on vira vent arrière, et, comme on était prêt d'amurer la grand'voile à tribord, le devant du navire toucha. La lame, qui était très-grosse, prit le navire en travers, et le poussa sur les récifs. Pierre Tassel, dans le moment, cria : « Nous sommes perdus ! »

Naufrage du *Saint-Géran* (1744).

et sonna la cloche. Tout le monde monta sur le pont, à l'exception de plus de cent hommes qui étaient sur les cadres, si malades, qu'ils ne purent se lever. Pierre Tassel fut trouver M. Delamarre, et lui demanda s'il ne jugeait pas à propos de couper les saisines des trois bateaux, et de parer les caliornes pour les mettre dehors ; et aussitôt que le sieur Delamarre le lui eut permis, ledit Tassel, à l'aide du patron de chaloupe, coupa les saisines des bateaux; et, comme ils étaient prêts à crocher les palans sur les bateaux, le grand mât vint en bas du côté de tribord. Dans le même instant, MM. Delamarre et Malles voulurent faire couper le mât d'artimon pour soulager le navire, mais il se cassa et vint à bas sous le vent. M. Delamarre envoya le charpentier couper les haubans au vent du mât de misaine, et aussitôt que les haubans furent coupés, ce mât cassa et tomba à la mer sous le vent. La lame, qui était extrêmement grosse, ramenait tous ces mâts dans le vaisseau, fracassait les bateaux et le tribord du navire; un moment après, la quille se rompit dans son milieu, qui apparemment était sur un creux, dans lequel la quille s'enfonça, et fit relever les deux extrémités du vaisseau.

M. Delamarre fit donner en ce moment la bénédiction et l'absolution générale par l'aumônier, qui chanta le *Salve Regina* et l'*Ave maris stella*. Tout le monde s'embrassait et se demandait pardon les uns aux autres. Pierre Tassel demanda à M. Delamarre s'il jugeait à propos de faire couper les jumelles pour servir à sauver le monde; et, sur la permission qu'il lui en donna, il les coupa en deux. Pierre Tassel proposa à M. de Belleval de se sauver avec lui sur un morceau de la lisse; mais ce sieur de Belleval n'eut pas le courage de le suivre. Un moment après, Pierre Tassel vit environ quarante personnes se jeter à la mer à son exemple, mais ils périrent presque tous. Il s'était jeté à la mer sur les six heures du matin, et arriva à l'île d'Ambre sur les onze heures ; et, de moment en moment, il vit arriver ceux de ses camarades qui se sont sauvés. Le premier pilote et une négresse de Guinée arrivèrent au même endroit sur une courbe du navire. Tassel leur donna deux coups de vin d'une barrique qui se trouvait au plein et qu'il défonça. Une heure après, il les trouva morts l'un et l'autre. Après être restés deux jours sur l'île d'Ambre, dans l'espérance d'y voir arriver quelques personnes réchappées du naufrage, et ne voyant pas d'apparence après ce temps qu'il pût venir encore quelqu'un, les trois déposants ci-dessus prirent le parti de se mettre sur la jumelle pour regagner la grande terre, laissant six de leurs camarades sur l'île d'Ambre. Effectivement, leur projet réussit ; ils arrivèrent au poste des chasseurs, à la mare des Flamands. Aussitôt les chasseurs leur firent du bouillon ; et, sur ce qu'ils leur dirent qu'il y avait six de leurs camarades sur l'île d'Ambre, Lavenant, soldat chasseur, chargea ses camarades de cerf et de riz, et alla avec eux porter des secours et de la nourriture à ceux qui étaient à l'île d'Ambre. L'endroit où le vaisseau est échoué est à plus d'une lieue de la grande terre, et à la même distance de l'île d'Ambre.

---

L'an 1744, le 24 août, à huit heures du matin, sont comparus au greffe les nommés Jean Janvrin, pilotin de Saint-Malo, et Pierre Verger, adjudant canonnier de Lorient, tous deux réchappés du naufrage du vaisseau *le Saint-Géran*, lesquels ont déclaré ce qui suit :

Que le *Saint-Géran*, sorti de Lorient le 24 mars, vingt-deux jours après arriva à Gorée, où l'on embarqua sur le vaisseau vingt noirs et dix négresses, tant Yolofs que Bambaras. On avait perdu dix hommes, morts pendant la traversée ; et, en arrivant en vue de l'île de France, il y avait plus de cent hommes sur les cadres. Le 17 août, on avait eu connaissance de l'île Ronde. A quatre heures après midi, on mit à la cape sous la grand'voile, l'amure à bâbord, gouvernant au sud-sud-ouest et sud-ouest ; M. Longchamps de Montendre était de quart, et avait pour officiers mariniers les nommés Riba et Ambroise. Le quart changea à minuit ; M. de Longchamps le remit à M. Lair, qui avait pour officier marinier maître Tassel. Les officiers-majors s'étaient retirés dans leur chambre, il n'y avait que ledit sieur Lair sur le gaillard. A trois heures du matin, les matelots de l'avant virent qu'on allait se jeter sur les brisants ; aussitôt le sieur Lair fit arriver le navire pour virer vent arrière ; mais il était trop tard, le vaisseau toucha, et la lame, le prenant en travers, le jeta sur les récifs et dans les brisants. Au coup de talon que le navire donna, tous les officiers sortirent de leur chambre et vinrent sur le pont en chemise ; tout l'équipage criait miséricorde et demanda des prières pour implorer l'assistance de Dieu. Aussitôt l'aumônier chanta le *Salve* et

*Ave maris stella.* Maître Tassel coupa les jumelles pour faire des ras, mais il n'en put venir à bout. On voulut couper le grand mât ; au premier coup de hache, il vint en bas, et entraîna avec lui le mât d'artimon, qui se cassa à plus de neuf ou dix pieds au-dessus du gaillard ; ils tombèrent l'un et l'autre sous le vent. On coupa le mât de misaine ; et tous ces mâts, qui étaient le long du bord, étaient ramenés dedans par la lame, et franchissaient tout le vaisseau. Sur les cinq heures et demie six heures, n'y ayant plus de ressources en restant dans le navire, le boulanger se jeta à la mer le premier, et se noya à la vue de tout le monde, ayant sur le dos un paquet de hardes, qui l'empêchait de nager. Un moment après, maître Tassel se jeta à la mer, et on le vit nager assez loin sans qu'il lui fût arrivé d'accident, ce qui encouragea les deux déposants. Le nommé Janvrin, pilotin, voyant venir un grain, et craignant que le temps ne devînt plus mauvais, se jeta à la mer avec son camarade, sur une planche qu'ils trouvèrent sous leurs mains. Dans ce moment, le sieur de Belleval faisait des cris et des lamentations extraordinaires. Mademoiselle Mallet était sur le gaillard d'arrière, avec M. de Peramont, qui ne l'abandonnait pas. Mademoiselle Caillon était sur le gaillard d'avant avec MM. Villarnois, Gresle, Guiné et Longchamps de Montendre, qui descendit le long du bord pour se jeter à la mer, et remonta presque aussitôt pour déterminer mademoiselle Caillon à se sauver.

Lesdits déposants disent qu'ils furent longtemps

entre la vie et la mort, quoique l'un et l'autre sussent nager parfaitement ; que la lame les poussait dans les brisants, et les rapportait aussitôt au large avec une violence à laquelle ils ne pouvaient pas résister ; qu'enfin ils passèrent les brisants et se trouvèrent dans un lieu où la mer était plus tranquille, et qu'ils arrivèrent à l'île d'Ambre, après avoir été plus de cinq heures dans l'eau.

Fait au Port-Louis de l'île de France, en la chambre du greffe, susdits jour et an. Rédigé et dicté par nous, Antoine Nicolas Herbault, conseiller du roi au conseil supérieur de l'île de France, commissaire nommé à cet effet.

*Signé :* HERBAULT ET MOLÈRE.

# VI

## INCENDIE ET NAUFRAGE DU VAISSEAU FRANÇAIS LE PRINCE DE LA COMPAGNIE DES INDES

#### RELATION DE M. DE LAFOND, LIEUTENANT DE VAISSEAU

Le vaisseau *le Prince*, commandé par M. Morin et destiné pour Pondichéry, appareilla le 19 février 1752 de la rade de Lorient. A peine eut-il doublé l'île Saint-Michel que, par suite d'un changement de vent subit, il s'échoua sur le banc du Turc. La bouche des canons était plongée dans l'eau. Nous annonçâmes notre malheur par des signaux de détresse. M. de Godehen, commandant du port de Lorient, se transporta à bord pour animer l'équipage par sa présence et par ses ordres. On déchargea le bâtiment en partie et la marée du matin nous releva. Mais nous avions des voies d'eau, qui nous obligèrent de rentrer dans le port, où on fit passer le vaisseau au carénage. On lui donna un nouveau doublage. Tant de précautions promettaient un heureux voyage; ce malheur même nous prouvait la bonté du vaisseau, que le feu seul semblait pouvoir détruire.

Le 10 juin suivant, un vent favorable nous éloigna du port; mais, après une bonne navigation d'environ un mois, nous éprouvâmes un malheur tel que les expressions les plus exagérées n'en donneraient qu'une très-faible idée.

Le 26 juillet, à 8° 30′ de latitude sud et 355° de longitude, le vent soufflant du sud-ouest, avec le cap au sud-est, au moment où l'on observait le point de midi à l'entrée d'un quart que je devais commander, un homme annonça que la fumée sortait du panneau de la grande écoutille.

A cette nouvelle, le premier lieutenant, chargé des clefs de la cale, en fit ouvrir toutes les écoutilles pour découvrir la cause d'un accident dont les plus légers soupçons font toujours trembler les plus intrépides. Le capitaine, qui était à table dans la grande chambre, se présenta sur le gaillard et donna ses ordres pour étouffer le feu. Je les avais déjà prévenus en faisant tremper dans la mer quelques voiles et prélarts pour couvrir les écoutilles, et empêcher ainsi l'air de pénétrer dans la cale. J'avais même proposé de faire entrer l'eau dans l'entre-pont à la hauteur d'un pied. Mais l'air avait eu déjà un trop libre passage, la fumée sortait avec abondance et le feu s'animait de plus en plus.

Le capitaine fit armer quatre-vingts soldats pour contenir l'équipage et éviter la confusion dans un péril si pressant. M. de Latouche, qui était passager, le seconda avec sa fermeté et sa prudence ordinaires. Ce héros des Indes méritait une meilleure occasion ; il destinait ces soldats à d'autres opérations plus favorables à l'État.

Tout le monde était occupé à jeter de l'eau ; on fit usage de toutes les pompes, dont on dirigeait les manches dans la cale. Cependant la rapidité de l'incendie rendait les moyens inutiles et augmentait la consternation.

Le capitaine avait fait mettre la yole à la mer, uniquement parce qu'elle embarrassait. Quatre hommes et un maître s'en emparèrent. Ils n'avaient pas d'avirons et trois matelots se jetèrent à la mer pour leur en porter. On voulait faire revenir ces heureux fugitifs ; ils crièrent qu'ils n'avaient pas de gouvernail et qu'on devait leur lancer une amarre ; mais apercevant les progrès de l'incendie, ils nagèrent pour s'éloigner, et le vaisseau qui avait un peu d'erre les dépassa.

On travaillait avec ardeur à bord ; l'impossibilité de se sauver semblait augmenter le courage. Le maître ne craignit pas de descendre dans la cale, mais la chaleur extrême le força de remonter ; il aurait même été brûlé si on n'eût jeté sur lui une grande quantité d'eau. Aussitôt après, on vit les flammes sortir avec impétuosité du grand panneau. Le capitaine ordonna de mettre les embarcations à la mer ; mais la crainte avait tellement épuisé les forces des plus intrépides, qu'ils ne pesaient que très-faiblement sur les palans.

La chaloupe était cependant hissée à une élévation suffisante et on allait l'amener à la mer quand le feu monta le long du grand mât avec tant de rapidité et de violence, que les garans de la caliorne furent brûlés et que l'embarcation tomba sur les canons de tribord, se renversant de manière qu'on perdit tout espoir de la relever.

Nous vîmes que nous ne devions plus mettre nos espérances dans les bras des hommes, mais dans la miséricorde de Dieu. L'accablement s'empara des esprits, la consternation devint générale ; on n'entendait plus que des gémissements, les animaux même poussaient des cris effroyables. Tout le monde commença alors à élever son cœur et ses mains vers le ciel, et dans la certitude d'une mort prochaine, chacun n'était plus occupé que de l'affreuse alternative entre les deux éléments prêts à nous dévorer.

L'aumônier, qui était sur le gaillard d'arrière, donna l'absolution générale. Quel horrible spectacle se présentait de tous côtés! Chacun n'était occupé qu'à jeter à la mer tout ce qui pouvait procurer un instant de vie, cages, vergues, espars. La confusion était extrême ; les uns semblaient aller au-devant de la mort, en se jetant à la mer ; les autres gagnaient à la nage les débris de notre vaisseau et s'accrochaient aux haubans, aux vergues, aux cordages qui pendaient le long du bord.

Je fis mettre la barre à tribord ; le vaisseau arriva, et cette manœuvre nous conserva quelque temps de ce côté pendant que l'incendie ravageait le côté de bâbord, de l'avant à l'arrière. J'avais été si occupé jusqu'alors, que je ne pensais encore qu'à la conservation du bâtiment. Les horreurs d'un double genre de mort se présentèrent à moi dans ce moment, mais le ciel voulut bien me conserver toute ma fermeté.

Jetant les yeux de tous côtés, je me vois seul sur le pont. J'entre dans la chambre du conseil, où je rencontre M. de Latouche, qui voyait la mort avec cet héroïsme qui le fit triompher dans les Indes. « Adieu, mon frère et mon ami, me dit-il en m'embrassant. — Eh ! où allez-vous ? lui répondis-je. — Je vais consoler mon ami Morin. » Il parlait du capitaine, qui était accablé de douleur et pénétré du triste sort de ses cousines qui étaient passagères sur le navire, et qu'il avait déjà fait descendre dans la mer sur des cages à poules, après leur avoir fait arracher leurs habits ; des matelots les soutenaient d'un bras en nageant de l'autre.

Les vergues et les mâts étaient chargés d'hommes qui luttaient contre les flots et dont plusieurs étaient emportés par les boulets que la flamme faisait sortir des canons, troisième genre de mort qui augmentait encore l'horreur dont nous étions environnés.

Le cœur serré d'angoisse, je détourne mes regards de la mer ; de la galerie du tribord où je me tenais, je vois le feu sortir avec un bruit épouvantable par les fenêtres de la grande chambre et de celle du conseil. Ma présence était désormais inutile pour la conservation du vaisseau, je me dépouille de mes habits et je me jette à la mer. Longtemps j'eus à lutter contre un soldat qui, en se noyant, m'avait saisi par un membre. Enfin, dégagé, je nageai vers la vergue de civadière qui se présentait à mes yeux. Elle était toute chargée de monde et je n'osai prendre une place sans en demander la permission, que ces infortunés m'accordèrent volontiers. Les uns étaient tout nus, les autres en chemise. Ils avaient encore la bonté de plaindre mon sort, et leur malheur mettait ma sensibilité à la plus dure épreuve. « Que nous vous plaignons, mon officier ! me dirent-ils. — J'ai bien plus sujet de vous plaindre, leur répondis-je, ma vie étant très-avancée, tandis que vous ne faites que commencer la vôtre. »

M. Morin et M. de Latouche, si dignes l'un et l'autre d'un meilleur sort, ne quittèrent point le vaisseau et furent sans doute ensevelis sous ses ruines. De quelque côté que je tournasse les yeux, ils n'étaient frappés que des spectacles les plus affreux. Le grand mât, brûlé par le pied et tombant à la mer, donna par sa chute la mort aux uns, et aux autres une faible ressource.

Lorsque j'y pensais le moins, j'aperçus la yole assez proche de nous ; il était à peu près cinq heures du soir. Je criai aux rameurs que j'étais leur lieutenant et leur demandai de partager avec eux leur infortune. Ils m'accordèrent la liberté d'entrer dans leur canot, à la seule condition d'aller moi-même les joindre à la nage. Il était de leur intérêt d'avoir un conducteur pour découvrir la terre, et par cette raison ma compagnie leur était trop nécessaire pour me refuser cette grâce. La condition qu'ils m'imposaient était cepen-

Incendie et naufrage du vaisseau *le Prince* (1752).

dant raisonnable; ils firent prudemment de ne pas approcher, chacun aurait voulu entrer dans ce frêle bâtiment; le canot aurait été submergé et nous aurions tous été ensevelis dans les eaux. Je rassemblai donc toutes mes forces, et je fus assez heureux pour parvenir jusqu'à la yole. On recueillit encore le pilote et un maître qui, réfugiés sur le grand mât, se décidèrent aussi à franchir la distance à la nage. Cette yole fut l'arche qui sauva les dix personnes qui échappèrent seules de presque trois cents.

Cependant les flammes dévoraient toujours le vaisseau; notre trop grande proximité pouvant nous être pernicieuse, nous nageâmes un peu au vent. Peu de temps après, le feu s'étant communiqué à nos poudres de cargaison, je ne saurais exprimer avec quel fracas notre malheureux navire sauta en l'air. Un nuage épais nous déroba la lumière du soleil : dans cette affreuse obscurité, nous n'aperçûmes que de grosses pièces de bois en feu lancées au milieu des airs, et dont la chute menaçait d'écraser nombre de malheureux qui luttaient encore contre les dernières atteintes de la mort. Nous n'étions pas nous-mêmes à l'abri des plus grandes frayeurs; un de ces débris pouvait nous atteindre et engloutir notre frêle nacelle. Mais le ciel, en nous préservant de ce dernier malheur, nous offrit le plus triste spectacle. Le vaisseau avait disparu, et ses débris, dispersés dans une très-grande étendue, flottaient épars avec les infortunés dont leur chute avait terminé le désespoir avec la vie. Nous voyions des hommes, les uns entièrement étouffés, d'autres à demi brûlés et déchirés, conservant encore assez de vie pour souffrir deux supplices à la fois.

Grâce au ciel, ma fermeté ne m'abandonna pas ; je proposai d'aller vers ces débris pour tâcher de trouver quelques vivres et autres choses nécessaires. Nous avions besoin de tout et nous étions exposés à mourir de faim, mort bien plus lente et plus cruelle que celle de nos frères. Nous rencontrâmes plusieurs barils où nous espérions trouver une ressource contre ce besoin pressant ; mais nous vîmes avec douleur que c'était une partie de la poudre que l'on avait jetée à la mer pendant l'incendie.

La nuit approchait déjà lorsque nous trouvâmes une barrique d'eau-de-vie, quinze livres de lard salé, une pièce d'écarlate et une pièce de toile, une douzaine de douves de barriques et quelques cordes. En nous éloignant le plus promptement possible, nous nous occupâmes de l'armement de notre nouveau bâtiment. Chacun se mit à travailler avec diligence. Nous fîmes usage de tout ; nous enlevâmes le doublage intérieur du canot pour en avoir les planches et les clous ; nous tirâmes de notre toile les fils dont nous avions besoin. Un matelot avait heureusement deux aiguilles qui nous servirent pour la couture d'une voile faite avec la pièce d'écarlate, et qui fut enverguée sur une gaffe. Nous parvînmes à installer une planche en gouvernail, et il ne s'agissait plus que de diriger la route par une estime grossière, car nous n'avions ni cartes, ni instruments, et le dernier point nous mettait à deux cents lieues de terre. Nous nous abandonnâmes à la miséricorde divine, dont nous implorâmes l'assistance par de ferventes prières.

Enfin nous élevâmes notre voile, l'amure à bâbord, et un vent favorable nous éloigna pour toujours de nos compagnons infortunés. Nous voguâmes dans cet état huit jours et huit nuits sans apercevoir la terre, exposés tout nus aux rayons brûlants du soleil et au froid piquant de la nuit. Le sixième jour, une petite pluie nous fit espérer quelque soulagement à la soif qui nous dévorait; nous tâchions de recueillir avec la bouche et les mains le peu d'eau qui tombait. Nous léchions notre voile d'écarlate; mais cette étoffe, déjà imbibée d'eau de mer, en communiquait l'amertume à la pluie qu'elle recevait. D'un autre côté, si la pluie avait été plus forte, elle aurait pu faire tomber le vent qui nous poussait, et le calme nous aurait fait périr.

Pour fixer les incertitudes de notre route, nous consultions chaque jour le lever et le coucher du soleil; la Croix du Sud nous indiquait l'aire de vent que nous devions suivre. Il fallut nous contenter d'un morceau de lard salé pour vingt-quatre heures et d'un coup d'eau-de-vie de temps en temps. Quelques poissons volants passèrent, mais nous ne pûmes en prendre aucun. L'inquiétude de notre sort, le défaut de nourriture, l'agitation de la mer, tout cela nous causait une insomnie accablante. La nature chez nous semblait n'avoir plus de fonctions; une faible espérance animait seule nos forces et nous empêchait d'envier le sort de nos frères.

Je passai la huitième nuit au gouvernail; j'en tins la barre pendant plus de dix heures, en demandant souvent qu'on me relevât, car j'étais près de succomber. Mes malheureux compagnons étaient dans le même état d'épuisement et le désespoir commençait à s'emparer de moi. Enfin, presque anéantis de fatigues, de misères, de faim et de soif, nous découvrîmes la terre aux premiers rayons de soleil, le 3 août. Il faudrait avoir éprouvé nos malheurs pour imaginer la révolution que la joie fit en nous. Nos forces se ranimèrent; nous prîmes nos mesures pour n'être pas emportés par les courants. A deux heures après midi, nous abordâmes la côte du Brésil et nous entrâmes dans la baie de Tresson; une lieue plus loin nous étions brisés à la côte de Fer.

Notre premier soin en mettant pied à terre, fut de remercier le ciel de la faveur qu'il nous accordait; nous nous précipitions sur cette plage tant désirée, et, dans le transport de la joie, chacun de nous se roulait sur le sable. Notre aspect était horrible; nos figures ne conservaient encore quelque chose d'humain que pour annoncer plus sensiblement nos malheurs. Les uns étaient tout nus, les autres n'avaient que des chemises pourries et en lambeaux; j'avais pris une ceinture écarlate pour paraître à la tête des mes compagnons. Cependant nous ne voyions pas encore le terme de toutes nos peines; délivrés, à la vérité, du plus grand de nos périls, celui d'une navigation incertaine, nous étions encore tourmentés par la faim et la soif, et dans la cruelle incertitude si nous trouverions cette côte habitée par des hommes compatissants. Nous eûmes encore recours à l'assistance du ciel, et nous ne tardâmes point à en recevoir la plus grande faveur.

Nous délibérions vers quels lieux nous dirigerions nos pas, lorsque cinquante Portugais environ, dont la plupart étaient armés, vinrent au-devant de nous et nous demandèrent le motif de notre descente. Le récit de nos malheurs et des miséricordes du Seigneur fut toute notre réponse, annonça nos besoins et réclama fortement les droits sacrés de l'hospitalité. Ces habitants, sensibles à nos infortunes, bénirent l'auteur de notre conservation et s'empressèrent de nous conduire à leurs habitations. Nous traversâmes sur notre route une rivière où tous nos compagnons coururent se jeter pour y apaiser leur soif; ils se roulèrent dans l'eau avec délices. En effet, ces bains furent par la suite un des remèdes dont nous fîmes le plus fréquent et en même temps le plus salutaire usage.

Le chef du lieu vint nous prendre pour nous conduire dans sa maison. Cet hôte charitable nous donna des chemises et des culottes de toile, nous fit préparer des poissons et de la farine de manioc. Après ce frugal repas, quoique le sommeil nous fût aussi nécessaire, nous nous disposâmes à rendre à Dieu des actions de grâces solennelles. Ayant appris qu'il y avait une église dédiée à saint Michel et éloignée d'une demi-lieue, nous nous y rendîmes en chantant les louanges du Seigneur, et nous lui offrîmes l'hommage de notre reconnaissance.

# VII

**NAUFRAGE DU JONG-THOMAS**

Dans les hivers tempêtueux du Cap, qui se comptent du 14 mai au 14 août, les vaisseaux se hasardent rarement à entrer dans la baie de la Table. Un navire hollandais, qui cependant y était resté pour quelques affaires particulières, et qui, dans la nuit du 14 au 15 août, avait jeté toutes ses ancres à cause de la violence du vent de nord-ouest, fut sur le point d'être entraîné sur les rochers qui bordent le fort. Le jour suivant, la baie fut si fort agitée par la tempête qu'aucune chaloupe ne put aller au navire ni en venir. Le soir, le vent augmenta encore avec la nuit, et les pauvres matelots avaient tout lieu de craindre que chaque instant ne fût le dernier de leur vie. L'extrême obscurité rendait encore le danger et la mort même plus terribles. Je demeurais tout au haut d'une maison en pierre dans la partie la plus élevée de la ville, où l'ouragan ébranlait les vitres, le toit et presque toute la maison. Ma position et la situation dangereuse de ce vaisseau hollandais réveillèrent en moi de vifs souvenirs des glaces antarctiques et des diverses tempêtes que nous avions essuyées. Elles me firent sentir pleinement toute la douceur d'un bon lit, bien chaud, sur la terre ferme ; mais elles me pénétrèrent de la plus tendre compassion pour le navire en détresse. Cependant, contre toute espérance, ses ancres et ses câbles résistèrent à la tempête de cette nuit ; et le calme qui succéda le lendemain fit évanouir le danger et renaître la joie sur tous les visages. Un autre événement de ce genre, quoiqu'il soit arrivé durant mon absence et pendant mon voyage dans la mer du Sud, mérite d'avoir ici sa place, comme une nouvelle preuve du peu de sûreté de cette rade en hiver. Le récit qu'on va lire m'a été confirmé par plusieurs témoins oculaires.

Le 1er juin 1765, le navire *le Jong-Thomas*, qui était demeuré dans la baie de la Table jusqu'après le commencement de la saison des tempêtes, fut chassé sur le rivage de Zout-Rivier, vers le nord du fort. Dès le matin, aussitôt après cet événement, le gouvernement fit publier la défense à toutes personnes, sous peine de mort, d'approcher même de loin de ce malheureux rivage. Pour donner plus de poids et d'efficacité à leur défense, ses agents avaient, avec une égale promptitude, fait élever des gibets et posté des troupes de tous les côtés. Toutes ces précautions tendaient à empêcher que les marchandises naufragées qui pourraient être jetées sur le rivage ne fussent volées ; mais aucune n'avait pour but de sauver l'équipage. La mer était, il est vrai, impraticable; et, quoique le vaisseau fût naufragé fort près du bord, et qu'on entendît très-distinctement leurs cris de détresse, les lames étaient si grosses et se brisaient contre le navire et contre le rivage avec tant de violence, qu'il était impossible aux hommes de se sauver dans les canots, et plus dangereux encore de se sauver à la nage. Quelques-uns des malheureux qui prirent ce dernier parti furent lancés et poussés contre les rochers. D'autres, ayant atteint le rivage et près du salut, furent entraînés et submergés par une autre vague. Un des gardes de la ménagerie de la Compagnie qui, dès le point du jour, avant que les défenses fussent publiées, allait à cheval hors la ville, porter le déjeuner de son fils, caporal dans la garnison, se trouva spectateur du désastre de ces infortunés. A cette vue, il est touché d'une pitié si noble et si active, que se tenant ferme sur son cheval, plein de cœur et de feu, il s'élance avec lui à la nage, parvient jusqu'au navire, encourage quelques-uns d'eux à tenir ferme un bout de corde qu'il leur jette, quelques autres à s'attacher à la queue du cheval, revient ensuite à la nage, et les amène tous vivants au rivage. L'animal était excellent nageur. Sa haute stature, la force et la fermeté de ses muscles, triomphèrent de la violence des coups de mer.

Mais le brave et héroïque vétéran devint lui-même la malheureuse victime de sa générosité. Il avait déjà sauvé quatorze naufragés; après le septième tour,

Naufrage du *Jong-Thomas* (1773).

pendant qu'il restait à terre un peu plus de temps, pour respirer et reposer son cheval, les malheureux qui étaient encore sur le navire crurent qu'il n'avait plus l'intention de revenir. Impatients de le revoir, ils redoublèrent leurs prières et leurs cris : son âme sensible fut émue; il retourna à leur secours avant que son cheval fût suffisamment reposé. Alors un trop grand nombre de naufragés voulurent se sauver à la fois, et l'un d'eux, à ce qu'on croit, s'étant attaché à la bride du cheval, lui attirait la tête sous le cou : le pauvre animal déjà épuisé succomba sous la charge.

Ce philanthrope intrépide mérite d'autant plus notre admiration, qu'il ne savait nullement nager lui-même. J'ai donc pensé qu'il était de mon devoir, devoir qui fait mon plaisir, de consigner dans cet ouvrage le nom et l'action de cet homme, qui se nommait *Woltemaade*. Frappés du même sentiment d'admiration, les directeurs de la Compagnie des Indes orientales en Hollande, à la première nouvelle de ce fait, érigèrent à sa mémoire un monument digne d'eux et de lui, en donnant son nom à un de leurs vaisseaux nouvellement construit, et ordonnant que toute l'histoire fût peinte sur la poupe [1].

[1] Sparrmann, *Voyage au cap de Bonne-Espérance.*

# VIII

### NAUFRAGE AU PORT DE DIEPPE; LE PILOTE JEAN BOUZARD

Le récit qui suit est extrait en partie de la relation publiée par le *Journal de Paris* (numéros 1 et 16, année 1778) :

« Pendant la nuit orageuse du 31 août 1777, vers les neuf heures du soir, un navire sorti du port de la Rochelle, chargé de sel, monté de huit hommes et de deux passagers, approcha des jetées de Dieppe. Le vent était impétueux, la mer si agitée qu'un pilote côtier essaya en vain quatre fois de sortir pour diriger son entrée dans le port. Jean Bouzard, l'un des autres pilotes, s'apercevant que le navire faisait une fausse manœuvre qui le mettait en danger, tenta de le guider avec le porte-voix et des signaux ; mais l'obscurité, le sifflement des vents, le fracas des vagues et la grande agitation de la mer empêchèrent le capitaine de voir et d'entendre : bientôt le vaisseau, ne pouvant plus être gouverné fut jeté sur le galet et échoua à trente toises de la jetée.

« Aux cris des malheureux qui allaient périr, Bouzard, sans s'arrêter aux représentations qu'on lui faisait, et à l'impossibilité apparente du succès, résolut d'aller à leur secours. D'abord il fait éloigner sa femme et ses enfants qui voulaient le retenir; ensuite il se ceint le corps avec une corde dont le bout était attaché à la jetée, et se précipite au milieu des flots. Les marins seuls peuvent se former une idée du danger auquel il s'exposait.

« Après des efforts incroyables, Bouzard atteignait cependant la carcasse du navire, que la fureur de la mer mettait en pièces, lorsqu'une vague l'en arrache et le rejette sur le rivage; il fut ainsi plusieurs fois repoussé par les flots et roulé violemment sur le galet. Son ardeur ne se ralentit point, il se replonge à la mer; une vague violente l'entraîne sous le navire : on le croyait mort, lorsqu'il reparut, tenant dans ses bras un matelot qui avait été précipité du bâtiment, et qu'il apporta à terre sans mouvement et presque sans vie. Enfin, après plusieurs tentatives inutiles, entouré de débris qui augmentaient encore le danger et couvert de blessures, il parvient au vaisseau, s'y accroche et y lie sa corde. Il ranime et instruit l'équipage. Il fait toucher à chaque matelot cette corde salutaire qui leur trace un chemin au milieu des ténèbres et des flots ennemis. Il les porte même, quand les forces leur manquent; il nage autour d'eux, et, luttant contre les vagues, il en dépose sept sur le rivage.

« Épuisé par son triomphe même, Bouzard gagne avec peine la cabane des pilotes : là, il succombe et reste quelques instants en défaillance. On venait de lui donner des secours et il reprenait ses esprits, lorsque de nouveaux cris frappent ses oreilles. La voix de l'humanité, plus efficace que toutes les liqueurs spiritueuses, lui rend sa première vigueur ; il court à la mer, s'y précipite une seconde fois, et est assez heureux pour sauver encore un des deux passagers, qui était resté sur le bâtiment et que sa faiblesse avait empêché de suivre les autres naufragés. Bouzard le saisit, le ramène, et rentre dans sa maison, suivi des huit échappés à la mort, qui le proclament leur sauveur. Des dix hommes qui montaient le navire, il n'en a péri que deux ; leurs corps ont été trouvés le lendemain sur le galet. »

L'intrépidité qu'a montrée Bouzard dans cette occasion périlleuse devient plus intéressante, plus admirable encore, lorsqu'on sait qu'elle est réfléchie de sa part ; que ce n'est point un instinct aveugle de courage, ou une simple impulsion d'humanité fortifiée par l'habitude de braver les dangers de la mer : c'est chez cet homme de bien une résolution toujours subsistante, formée depuis que son père a été noyé par la faute et la négligence du pilote chargé de hisser le fanal qui indique l'entrée du port pendant la nuit. En servant si chaudement l'humanité, c'est à la piété filiale que Bouzard paye un tribut.

Les habitants de Dieppe ont témoigné leur admiration à leur brave concitoyen, et, depuis, le gouvernement a acquitté la dette de l'État à son égard, en répandant sur lui des bienfaits. M. Necker, après avoir rendu compte au roi de la belle action de Bouzard, prit ses ordres et écrivit lui-même au pilote de Dieppe la lettre suivante :

« Brave homme,

« Je n'ai su qu'avant-hier, par M. l'intendant, l'action courageuse que vous avez faite le 31 août, et hier j'en ai rendu compte au roi, qui m'a ordonné de vous témoigner sa satisfaction, et de vous annoncer de sa part une gratification de mille francs et une pension annuelle de trois cents livres. J'écris en conséquence à M. l'intendant. Continuez à secourir les autres, quand vous le pourrez, et faites des vœux pour votre bon roi, qui aime les braves gens et les récompense. »

Le contenu de cette lettre fut bientôt publié à Dieppe. Tous les concitoyens de Bouzard vinrent le féliciter et le pressèrent vivement d'aller à Paris, et de se présenter au roi pour lui en témoigner sa reconnaissance. Bouzard se rendit à leurs vœux, et le maire de Dieppe le conduisit à Versailles, après l'avoir présenté à M. Necker. Il fut placé sur le passage de la famille royale. Le duc d'Ayen le fit apercevoir au roi, qui dit en le regardant avec sensibilité : « Voilà un brave homme, et véritablement un brave homme ! »

Bouzard reçut ensuite des ministres et des principales personnes de la cour l'accueil le plus flatteur. Né brave, et ne voyant dans son action que le devoir d'un homme envers les autres, il était étonné des marques de bonté dont il était l'objet. « J'ai fait, disait-il, beaucoup d'actions comme celle-là ; je ne sais pourquoi ma dernière fait tant de bruit. Mes camarades sont aussi braves que moi. »

Dans le courant de l'automne de 1786, Bouzard apprit vers le milieu de la nuit qu'une barque périssait à peu de distance des jetées. Attiré par les cris des malheureux qui se débattaient dans les flots, il leur jeta des cordes et appela à son aide les marins qui se trouvaient sur le rivage. L'obscurité était si grande, qu'il ne pouvait apercevoir ceux qui étaient dans le péril, et qu'eux-mêmes avaient de la peine à distinguer le secours qu'on leur présentait. Le fils de Bouzard était du nombre des six hommes naufragés ; il fut assez adroit pour s'emparer d'une corde qui l'aurait conduit promptement à la jetée ; mais voyant à ses côtés un malheureux enfant de quatorze ans, dont les forces étaient déjà épuisées et qui se laissait entraîner par les vagues, il résolut, au risque de sa vie, de le sauver du danger. Pour y parvenir plus sûrement, il lui passa le bout de la corde sous le bras et se le passa lui-même entre les cuisses. Ce double fardeau la fit rompre ; un cri de celui qui tenait cette corde avertit Bouzard père de l'accident ; il en jeta promptement une autre, que son fils saisit. Ce jeune homme intrépide était décidé à ne pas abandonner dans une situation aussi critique l'enfant qu'il avait pris sous sa sauvegarde, qui s'attachait fortement à lui et qui plongeait chaque fois qu'il lâchait prise. Il le lia de nouveau avec cette seconde corde, et fut assez heureux, à l'aide de son père, pour le remonter sur la jetée. Trois autres furent également enlevés aux flots par le secours de Bouzard.

Cette belle action de Bouzard fils, qui l'associe à la gloire de son père, n'était point le coup d'essai de son

La maison Bouzard, à Dieppe.

courage; en 1784, il avait déjà sauvé la vie à quatre naufragés.

Louis XVI avait conçu la pensée de donner en récompense à Bouzard une maison bâtie sur la jetée de Dieppe. Napoléon, se trouvant dans cette ville, voulut accomplir son vœu, et affecta une somme de huit mille francs pour la construction de ce petit monument. Le vieux Bouzard n'existait plus, mais l'empereur se fit présenter le fils, devenu, jeune encore, une nouvelle providence pour les naufragés, et lui attacha de sa main la croix d'honneur sur la poitrine, en le félicitant d'avoir été le digne héritier du courage et du dévouement de son père.

Le fils de ce second Bouzard, préposé à son tour à la garde du phare et du pavillon sur la jetée de Dieppe, avait aussi été décoré d'une médaille d'argent et d'une médaille d'or pour ses services et son dévouement ; en 1854, il reçut, comme son père, la croix de la Légion d'honneur.

La maison Bouzard, que les travaux d'amélioration de l'entrée du port obligèrent plus tard de détruire, portait cette inscription :

RÉCOMPENSE NATIONALE<br>
A J.-A. BOUZARD<br>
POUR SES SERVICES MARITIMES

En 1867, lors du baptême d'un canot de sauvetage à Dieppe, canot qui portait le nom de *Jean-Bouzard*, son petit-fils, au milieu du cortége de la fête, tenait le guidon du canot, et les autres descendants du sauveteur portaient, avec un respect filial, le buste de celui qui a donné à leur famille de véritables lettres de noblesse.

# IX

**NAUFRAGE DES FRÉGATES L'ASTROLABE ET LA BOUSSOLE
NAUFRAGE DE DEUX CHALOUPES DANS LE PORT DES FRANÇAIS**

RELATION DE LA PÉROUSE

Le plan du voyage de circumnavigation dans lequel disparurent les deux frégates de la Pérouse avait été dressé sous la direction de Louis XVI, qui avait écrit de sa main des instructions pour cette expédition, destinée à une nouvelle exploration des parages déjà parcourus par le capitaine Cook. Il en avait confié le commandement à l'un des héros de la guerre de l'indépendance d'Amérique, François Galaup de la Pérouse, dont l'âme élevée était faite pour comprendre et réaliser les généreux désirs du souverain, qui disait dans ses instructions : « Le sieur de la Pérouse, dans toutes les occasions, en usera avec beaucoup de douceur et d'humanité envers les différents peuples qu'il visitera dans le cours de son voyage.

« Il s'occupera avec zèle et intérêt de tous les moyens qui peuvent améliorer leur condition, en procurant à leur pays les légumes, les fruits et les arbres utiles d'Europe, en leur faisant connaître l'usage qu'ils doivent faire de ces présents, dont l'objet est de multiplier sur leur sol les productions nécessaires à des peuples qui tirent presque toute leur nourriture de la terre.

« Si des circonstances impérieuses, qu'il est de la prudence de prévoir dans une longue expédition, obligeaient jamais le sieur de la Pérouse à faire usage de la supériorité de ses armes sur celles des peuples sauvages pour se procurer, malgré leur opposition, les objets nécessaires à la vie, tels que des substances, du bois, de l'eau, il n'userait de la force qu'avec la plus grande modération, et punirait avec rigueur ceux de ses gens qui auraient outre-passé ses ordres. Dans tous les autres cas, s'il ne peut obtenir l'amitié des sauvages par les bons traitements, il cherchera à les contenir par la crainte et les menaces; mais il ne recourra aux armes qu'à la dernière extrémité, seulement pour sa défense, et dans les conditions où tout ménagement compromettrait décidément la sûreté des bâtiments et la vie des Français dont la conservation lui est confiée.

« Sa Majesté regarderait comme un des succès les plus heureux de l'expédition qu'elle pût être terminée sans qu'il en eût coûté la vie à un seul homme. »

La Pérouse mit à la voile de la rade de Brest, le 1$^{er}$ août 1785. Les savants embarqués sur les deux frégates devaient chercher à résoudre les problèmes scientifiques et géographiques soulevés par les dernières navigations célèbres. La Pérouse montait la *Boussole*. Il avait désigné, pour le commandement de l'*Astrolabe*, le vicomte de Langle, capitaine de vaisseau, qui l'avait secondé dans sa campagne victorieuse contre les Anglais, au milieu des glaces de la baie d'Hudson.

Après avoir visité l'océan Pacifique, l'expédition vint atterrir au mont Saint-Élie de Behring, sur la côte nord-ouest d'Amérique, dont elle fit une reconnaissance détaillée sur une étendue de plus de six cents lieues. C'est pendant cette reconnaissance que la Pérouse, qui jusqu'alors n'avait pas perdu un seul homme, éprouva son premier revers, dont nous empruntons le récit à la relation même de son voyage[1] :

« C'est avec la plus vive douleur que je vais tracer l'histoire d'un désastre mille fois plus cruel que les maladies et tous les autres événements des plus longues navigations. Je cède au devoir rigoureux que je me suis imposé d'écrire cette relation, et je ne crains pas de laisser connaître que mes regrets ont été, depuis cet événement, cent fois accompagnés de mes larmes, que le temps n'a pu calmer ma douleur ; chaque objet, chaque instant me rappelle la perte que nous avons faite, et dans une circonstance où nous croyions si peu avoir à craindre un pareil événement.

« Les sondes du port des Français[2] devaient être placées sur le plan des ingénieurs par les officiers de

---

[1] La Pérouse, *Voyage autour du monde*. Paris, 1797.
[2] Baie située à l'est du cap Fairweather.]

la marine ; en conséquence, la biscaïenne de l'*Astrolabe*, aux ordres de M. de Marchainville, fut commandée pour le lendemain, et je fis disposer celle de ma frégate, ainsi que le petit canot, dont je donnai le commandement à M. Boutin. M. d'Escures, mon premier lieutenant, chevalier de Saint-Louis, commandait la biscaïenne de la *Boussole*, et était le chef de cette petite expédition. Comme son zèle m'avait paru quelquefois un peu ardent, je crus devoir lui donner des instructions par écrit. Les détails dans lesquels j'étais entré sur la prudence que j'exigeais lui parurent si minutieux qu'il me demanda si je le prenais pour un enfant, ajoutant qu'il avait déjà commandé des bâtiments. Je lui expliquai amicalement le motif de mes ordres ; je lui dis que M. de Langle et moi avions sondé la passe de la baie deux jours auparavant, et que j'avais trouvé que l'officier commandant le deuxième canot qui était avec nous avait passé trop près de la pointe, sur laquelle même il avait touché ; j'ajoutai que de jeunes officiers croient qu'il est du bon ton, pendant les sièges, de monter sur le parapet des tranchées, et que ce même esprit lui fait braver, dans les canots, les roches et les brisants ; mais que cette audace peu réfléchie pouvait avoir les suites les plus funestes dans une campagne comme la nôtre, où ces sortes de périls se renouvelaient à chaque minute. Après cette conversation, je lui remis ses instructions, que je lus à M. Boutin[1].

---

[1] Ces instructions commençaient ainsi : « Avant de faire connaître à M. d'Escures l'objet de sa mission, je le préviens qu'il lui est expres-

« Ces instructions ne devaient me laisser aucune crainte. Elles étaient données à un homme de trente-trois ans, qui avait commandé des bâtiments de guerre, combien de motifs de sécurité !

« Nos canots partirent, comme je l'avais ordonné, à six heures du matin ; c'était autant une partie de plaisir que d'instruction et d'utilité : on devait chasser et déjeuner sous des arbres. Je joignis à M. d'Escures M. de Pierrevert et M. de Montarnac, le seul parent que j'eusse dans la marine, et auquel j'étais aussi tendrement attaché que s'il eût été mon fils ; jamais jeune officier ne m'avait donné plus d'espérance, et M. de Pierrevert avait acquis déjà ce que j'attendais très-incessamment de l'autre.

« Les sept meilleurs soldats du détachement composaient l'armement de cette biscaïenne, dans laquelle le maître pilote de ma frégate s'était aussi embarqué pour sonder. M. Boutin avait pour second, dans son petit canot, M. Mouton, lieutenant de frégate : je savais que le canot de l'*Astrolabe* était commandé par M. de Marchainville ; mais j'ignorais s'il y avait d'autres officiers.

« A dix heures du matin, je vois revenir notre petit canot. Un peu surpris, parce que je ne l'attendais pas si tôt, je demandai à M. Boutin, avant qu'il fût monté à bord, s'il y avait quelque chose de nouveau. Je craignis, dans ce premier instant, quelque attaque des sauvages : l'arrivée de M. Boutin n'était pas propre-

sément défendu d'exposer les canots à aucun danger, et d'approcher la passe si elle brise.

à me rassurer; la plus vive douleur était peinte sur son visage. Il m'apprit bientôt le naufrage affreux dont il venait d'être témoin, et auquel il n'avait échappé que parce que la fermeté de son caractère lui avait permis de voir toutes les ressources qui restaient dans un si extrême péril. Entraîné, en suivant son commandant, au milieu des brisants qui portaient dans la passe, pendant que la marée sortait avec une vitesse de trois à quatre lieues par heure, il imagina de présenter à la lame l'arrière de son canot, qui, de cette manière, poussé par cette lame et lui cédant, pouvait ne pas se remplir, mais devait cependant être entraîné au dehors, à reculons, par la marée. Bientôt il vit les brisants à l'avant de son canot, et il se trouva dans la grande mer. Plus occupé du salut de ses camarades que du sien propre, il parcourut le bord des brisants, dans l'espoir de sauver quelqu'un; il s'y engagea même, mais il fut repoussé par la marée. Enfin, il monta sur les épaules de M. Mouton, afin de découvrir un plus grand espace : vain espoir! tout avait été englouti....

« La mer étant devenue belle, un officier avait conservé quelque espérance pour la biscaïenne de l'*Astrolabe*; il n'avait vu périr que la nôtre. M. de Marchainville était dans ce moment à un grand quart de lieue du danger, c'est-à-dire dans une mer aussi parfaitement tranquille que celle du port le mieux fermé; mais ce jeune officier, poussé par une générosité sans doute imprudente, puisque tout secours était impossible dans ces circonstances, ayant l'âme trop élevée,

Naufrage de deux chaloupes dans le port français (1785).

le courage trop grand pour faire cette réflexion lorsque ses amis étaient dans un si extrême danger, vola à leur secours, se jeta dans les mêmes brisants, et, victime de sa générosité et de la désobéissance formelle de son chef, périt comme lui.

« Bientôt M. de Langle arriva à mon bord, aussi accablé de douleur que moi-même, et m'apprit, en versant des larmes, que le malheur était encore plus grand que je ne croyais. Depuis notre départ de France, il s'était fait une loi de ne jamais détacher les deux frères (MM. la Borde-Marchainville et la Borde-Boutervilliers) pour une même corvée, et il avait cédé, dans cette seule occasion, au désir qu'ils avaient témoigné d'aller se promener et chasser ensemble ; car c'était presque sous ce point de vue que nous avions envisagé, l'un et l'autre, la course de nos canots, que nous croyions aussi peu exposés que dans la rade de Brest, lorsque le temps est très-beau.

« Les pirogues des sauvages vinrent dans ce même moment nous annoncer ce funeste événement ; les signes de ces hommes grossiers exprimaient qu'ils avaient vu périr les deux canots, et que tous secours avaient été impossibles. Nous les comblâmes de présents, et nous tâchâmes de leur faire comprendre que toutes nos richesses appartiendraient à celui qui aurait sauvé un seul homme.

« Rien n'était plus propre à émouvoir leur humanité ; ils coururent sur les bords de la mer et se répandirent sur les deux côtés de la baie. J'avais déjà envoyé ma chaloupe, commandée par M. de Clonard, vers l'est, où si quelqu'un, contre toute apparence, avait eu le bonheur de se sauver, il était probable qu'il aborderait. M. de Langle se porta sur la côte de l'ouest, afin de ne rien laisser à visiter, et je restai à bord, chargé de la garde des deux vaisseaux, avec les équipages nécessaires pour n'avoir rien à craindre des sauvages, contre lesquels la prudence voulait que nous fussions toujours en garde. Presque tous les officiers et plusieurs autres personnes avaient suivi MM. de Langle et Clonard; ils firent trois lieues sur le bord de la mer, où le plus petit débris ne fut pas même jeté. J'avais cependant conservé un peu d'espoir; l'esprit s'accoutume avec peine au passage si subit d'une situation douce à une douleur si profonde; mais le retour de nos canots et chaloupes détruisit cette illusion et acheva de me jeter dans une consternation que les expressions les plus fortes ne rendront jamais que très-imparfaitement.

« Il ne nous restait plus qu'à quitter promptement un pays qui nous avait été si funeste; mais nous devions encore quelques jours aux familles de nos malheureux amis. Un départ trop précipité aurait laissé des inquiétudes, des doutes en Europe. Avant notre départ, nous érigeâmes sur l'île du milieu de la baie, à laquelle je donnai le nom d'*Ile du Cénotaphe*, un monument à la mémoire de nos malheureux compagnons. M. de Lamanon composa une inscription qu'il enterra dans une bouteille au pied de ce cénotaphe. »

On sait que, dans la suite de son voyage, la Pérouse, en complétant la découverte de l'archipel des Navigateurs de Bougainville, perdit son compagnon et son ami, le capitaine de Langle, massacré par les sauvages avec une partie de l'équipage des embarcations qu'il commandait. Après ce nouveau malheur, la Pérouse fit voile pour l'archipel de Tonga, et de là pour l'Australie, d'où furent expédiées les dernières dépêches que le ministre de la marine reçut de lui, datées de Botany-Bay, le 7 février 1788.

Trois années s'écoulèrent sans qu'aucune nouvelle de l'expédition parvînt dans nos ports de mer. Le 22 janvier 1791, la Société d'histoire naturelle de Paris, se faisant l'écho de l'anxiété générale, adressa à l'Assemblée nationale une pétition qui se terminait ainsi :

« Nous demandons à l'Assemblée nationale de prier le roi :

« 1° D'ordonner au ministre de la marine de communiquer à ses comités les ordres et les instructions remises à M. de la Pérouse, afin de fixer la route que suivront les navigateurs ;

« 2° D'envoyer, le plus tôt possible, des vaisseaux pour chercher M. de la Pérouse, et de joindre à l'équipage des naturalistes et des astronomes ;

« 3° D'inviter, par une adresse, tous les peuples dont les vaisseaux parcourent la mer du Sud à prendre, à cet égard, toutes les informations que peut inspirer l'amour de l'humanité. »

Le rapport sur cette pétition fait par M. Delattre à l'Assemblée nationale renfermait le passage suivant :
« De pareils actes, messieurs, illustrent aussi la na-

tion qui sait s'y livrer, et le sentiment d'humanité qui y détermine caractérisera notre siècle. Ce n'est plus pour envahir et ravager que l'Européen pénètre sous les latitudes les plus reculées, mais pour y porter des jouissances et des bienfaits; ce n'est plus pour y ravir des métaux corrupteurs, mais pour y conquérir ces végétaux utiles qui peuvent rendre la vie de l'homme plus douce et plus facile. Enfin l'on verra, et les nations les plus sauvages ne le considéreront pas sans attendrissement, l'on verra aux bornes du monde de pieux navigateurs interrogeant avec anxiété, sur le sort de leurs frères, les hommes et les déserts, les antres, les rochers, les écueils; l'on verra sur les mers les plus perfides, dans les sinuosités des archipels les plus dangereux, autour de toutes ces îles peuplées d'anthropophages, errer des hommes recherchant d'autres hommes, pour se précipiter dans leurs bras, les secourir et les sauver. »

A la suite de ce rapport, l'Assemblée nationale rendit un décret portant que le roi serait prié : 1° de donner des ordres à tous les agents diplomatiques français pour qu'ils eussent à faire faire les recherches les plus actives relativement aux frégates *la Boussole* et *l'Astrolabe;* 2° de faire armer un ou plusieurs bâtiments, avec la mission spéciale de rechercher M. de la Pérouse.

En exécution de ce décret, deux frégates, la *Recherche* et l'*Espérance*, furent armées à Brest : le commandement en fut confié au contre-amiral Bruni d'Entrecasteaux, qui monta la *Recherche*. L'expédition sortit de Brest le 28 septembre 1791. Elle n'avait encore recueilli aucun renseignement sur la Pérouse, lorsque d'Entrecasteaux mourut du scorbut, après deux années environ d'actives recherches, pendant lesquelles le commandant de l'*Espérance*, Huon de Kermadec, avait aussi succombé. L'expédition continua son infructueuse exploration sous le commandement des capitaines d'Auribeau et de Rossel jusqu'en octobre 1793. Les deux frégates, arrivées vers cette date à Java, y tombèrent au pouvoir des Hollandais, alors en guerre avec la France.

Les recherches officielles furent interrompues par la révolution et par les tourmentes politiques qui la suivirent. Pendant plusieurs années on ne recueillit que des bruits incertains rapportés par les navires qui traversaient l'Océanie. En 1826, le capitaine anglais Dillon, qui avait déjà fait plusieurs voyages en Océanie, ayant abordé à l'île de Tucopia, voisine de l'archipel de Viti, y trouva entre les mains d'un naturel de cette île une poignée d'épée en argent sur laquelle était gravé un chiffre qui pouvait être celui de la Pérouse. Interrogé sur la provenance de cet objet, le sauvage répondit qu'il venait, ainsi que beaucoup d'autres de fabrique européenne, d'une île assez éloignée, nommée *Vanikoro*, près de laquelle deux grands navires avaient autrefois fait naufrage. Ces renseignements, et les objets assez nombreux qu'il put joindre à la poignée d'épée, persuadèrent au capitaine Dillon que les bâtiments naufragés devaient être ceux de la Pérouse. Arrêté par le calme et les vents contraires, il ne put alors se rendre à Vanikoro ; mais dès son retour à Pondichéry, il s'empressa de faire connaître sa découverte au gouverneur du Bengale, qui, après avoir fait examiner la poignée d'épée qu'il portait, conclut, d'après sa forme et le chiffre qui y était gravé, qu'elle avait dû appartenir à la Pérouse lui-même.

S'appuyant sur le décret de l'Assemblée nationale qui « prescrivait à tous les ambassadeurs, consuls et autres agents français dans les pays étrangers d'inviter, au nom de l'humanité, des arts et des sciences, les souverains de ces pays à ordonner à tous les navigateurs et agents quelconques de s'enquérir de toutes les manières possibles du sort de la *Boussole* et de l'*Astrolabe* que commandait la Pérouse, » la Compagnie du Bengale, acceptant l'offre du capitaine Dillon, lui confia le commandement d'un navire, *the Research*, avec la mission de se rendre à Vanikoro et d'y faire toutes les recherches nécessaires, que devait faciliter une quantité considérable d'objets destinés à être distribués dans l'île. Le 8 septembre 1827, la *Recherche* arrivait à Vanikoro. Le capitaine Dillon s'occupa d'y recueillir tous les objets du naufrage qu'il put reconnaître. Les plus importants étaient une grande cloche en bronze portant la marque de la fonderie de Brest, quatre pierriers et un morceau de sapin décoré de fleurs de lis et d'autres sculptures, qui avaient dû appartenir au couronnement de l'une des frégates. Les différents récits du naufrage, faits par les naturels, pouvaient se résumer dans la version suivante :

Bien des années auparavant, deux grands vaisseaux étaient arrivés près de leur île, et y avaient jeté l'ancre. Pendant une violente tempête, l'un des vaisseaux avait touché sur les récifs et s'était enfoncé dans la mer. L'autre avait échoué sur les roches voisines de Païou. Les étrangers échappés au désastre restèrent quelque temps dans l'île et y construisirent un petit vaisseau avec les débris du grand. Ces étrangers étaient des esprits, qui faisaient des signes au soleil et à la lune (allusion aux observations astronomiques). Dès que leur petit vaisseau fut prêt, ils s'en allèrent dedans et l'on n'en entendit plus parler. Les objets recueillis provenaient du vaisseau échoué, dans lequel les naturels allaient plonger à basse mer, tant qu'il n'avait pas été entièrement détruit.

Le capitaine Dillon se fit conduire sur le lieu du naufrage, où il trouva encore quelques morceaux de fer. Ses persévérantes recherches lui donnèrent la presque certitude que les nouveaux objets qu'il avait obtenus par échange appartenaient au bâtiment de la Pérouse. Envoyé en France par la Compagnie du Bengale avec la plupart de ces objets, il fut nommé chevalier de la Légion d'honneur par Charles X, qui lui accorda en outre une pension pour l'indemniser des frais de son voyage.

Dumont d'Urville qui, en 1826, avait été chargé d'explorer avec l'*Astrolabe* les régions peu connues de l'Océanie et d'y rechercher les traces de la Pérouse, apprit à Hobart-Town, sur la terre de Van-Diémen, la découverte du capitaine Dillon à Vanikoro. Il se dirigea vers cette île, où il arriva le 21 février 1828, et dont il fit explorer les récifs, recueillant en même temps les objets provenant du sauvetage et les traditions du sinistre. Une première excursion, faite en dedans de la ceinture de brisants qui environne l'île, confirma le fait du naufrage, mais ne procura aucun document précis sur la partie du récif où il avait eu lieu. Une seconde exploration dirigée par M. Jacquinot, lieutenant de vaisseau, fut plus heureuse, après avoir d'abord échoué devant les craintes des naturels, dont on n'obtenait que des réponses évasives ou mensongères.

« En quittant Vanou, dit Dumont d'Urville dans sa relation, le canot se dirigea vers Nama, village situé à deux milles plus loin. Les Français y furent accueillis d'un œil plus ouvert qu'à Vanou ; cependant leurs questions, leurs promesses et leurs efforts y furent longtemps aussi infructueux. M. Jacquinot se proposait déjà de continuer sa route vers Païou, lorsqu'il s'avisa de déployer un morceau de drap rouge ; la vue de cet objet produisit un tel effet sur l'esprit d'un sauvage, qu'il sauta sur-le-champ dans le canot, et s'offrit à le conduire sur le lieu du naufrage, pourvu qu'on lui donnât le précieux morceau d'étoffe. Le marché fut aussitôt conclu.

« La chaîne des récifs qui forme comme une immense ceinture autour du Vanikoro, à la distance de deux ou trois milles au large, près de Païou et devant un lieu nommé Ambi, se rapproche beaucoup de la côte, dont elle n'est guère éloignée de plus d'un

Débris du naufrage de la Pérouse, au musée du Louvre.

mille. Ce fut là, dans une espèce de coupée au travers des brisants, que le noir arrêta le canot et fit signe aux Français de regarder au fond de l'eau. En effet, à la profondeur de douze ou quinze pieds, ils distinguèrent bientôt, disséminés çà et là et empâtés de coraux, des ancres, des canons, des boulets et divers autres objets, surtout de nombreuses plaques de plomb. A ce spectacle, tous leurs doutes furent dissipés; ils restèrent convaincus que les tristes débris qui frappaient leurs yeux étaient les derniers témoins du désastre des navires de la Pérouse.

« Il ne restait plus que des objets en fer, cuivre ou plomb; tout le bois avait disparu, détruit sans doute par le temps et le frottement des lames. La disposition des ancres faisait présumer que quatre d'entre elles avaient coulé avec le navire, tandis que les deux autres avaient pu être mouillées. L'aspect des lieux permettait de supposer que le navire avait tenté de s'introduire au dedans du récif par une espèce de passe; qu'il avait échoué et n'avait pu se dégager de la position qui lui était devenue fatale. Suivant le récit de quelques sauvages, ce navire aurait été celui dont l'équipage avait pu se sauver à Païou et y construire un petit bâtiment, tandis que l'autre aurait échoué en dehors du récif, où il se serait tout à fait englouti. »

On parvint à extraire de la croûte des coraux qui tapissaient la mer une ancre de 1800 livres, un canon court en fonte et deux pierriers en cuivre. Avant de quitter les dangereux écueils de Vanikoro et la plage malsaine où des fièvres épidémiques avaient atteint la moitié de son équipage, Dumont d'Urville, malade lui-même, fit ériger en l'honneur de la Pérouse un monument modeste, sur lequel était gravée l'inscription suivante : *A la mémoire de la Pérouse et de ses compagnons. — L'Astrolabe,* 14 *mars* 1828.

A l'entrée du musée de la marine au Louvre, les débris provenant du naufrage ont été disposés sur une pyramide, destinée à perpétuer aussi le souvenir de la gloire et des malheurs de la Pérouse.

# X

## NAUFRAGE DE LA MÉDUSE

D'APRÈS LA RELATION DE MM. CORRÉARD ET SAVIGNY, NAUFRAGÉS DU RADEAU

Les traités de 1815 ayant restitué le Sénégal à la France, une expédition y fut envoyée pour en prendre possession. Elle portait le gouverneur de la colonie avec des troupes, et se composait de quatre bâtiments : la frégate *la Méduse*, de 44 canons, la corvette *l'Écho*, la gabare *la Loire* et le brick *l'Argus*. Le commandant en chef était M. Duroys de Chaumareys, qui, lieutenant de vaisseau avant la Révolution, avait émigré et cessé depuis plus de vingt-cinq ans d'exercer sa profession. A son ignorance il joignait d'ailleurs un esprit léger et un égoïsme qui le fit manquer à tous ses devoirs. Il s'était fait accompagner d'un officier étranger à son état-major, nommé de Richefort, dont il prenait conseil pour ne pas être exposé à laisser paraître son inexpérience devant ses subordonnés, et cet officier lui-même était aussi présomptueux qu'incapable.

La flottille partit de Rochefort le 17 juin 1816, et le commencement de la navigation ne présenta aucun incident remarquable. La marche de la *Méduse* était supérieure à celle des autres bâtiments. M. de Chaumareys, se lassant de faire petite voile pour les attendre, les quitta et se dirigea seul avec toute la vitesse qu'il pouvait atteindre vers le but de l'expédition, manquant ainsi tout d'abord à un devoir important.

Le 1er juillet, on dépassa le cap Boyador et on fêta le passage du tropique. « Notre équipage, dit M. Corréard, passager sur la *Méduse*, dans la relation que nous suivons en grande partie[1], se livra selon la coutume aux burlesques cérémonies du « baptême » et de la distribution des dragées du « bonhomme Tropique ». Cet usage bizarre a pour principal but de fournir aux matelots, diversement déguisés en dieux marins, l'occasion de recueillir de l'argent des passagers et des gens de l'équipage, qui se rachètent ainsi de l'immersion. C'était pendant ces jeux, qui durèrent trois heures, qu'on peut bien appeler mortelles, que nous courions à notre perte. M. de Chaumareys cependant présidait cette farce avec une rare bonhomie, tandis que l'officier qui avait capté sa confiance se promenait sur l'avant de la frégate et jetait un œil indifférent sur une côte toute hérissée de dangers dont le

[1] *Naufrage de la frégate la Méduse,* par A. Corréard, ingénieur géographe, et H. Savigny, chirurgien de marine.

nombre et l'imminence échappaient sans doute à sa pénétration.

Les instructions du ministre prescrivaient de reconnaître le cap Blanc, de courir vingt-deux lieues au large et de revenir ensuite vers la terre avec les plus grandes précautions et la sonde à la main. C'est ce que firent les autres bâtiments de l'expédition, qui arrivèrent sans accident à Saint-Louis. Mais M. de Chaumareys, dans la pensée d'arriver plus vite, prit la route du sud après avoir marché dix lieues seulement à l'ouest à partir du cap Blanc, reconnu très-imparfaitement.

Plusieurs passagers, qui connaissaient les dangers de ces côtes, commencèrent à s'alarmer, pensant que la route suivie rapprochait trop la frégate des parages du banc d'Arguin, mais leurs avis furent méprisés. On sondait de deux en deux heures en mettant en panne, et, comme on se croyait le matin du 2 juillet par plus de cent brasses d'eau, on mit le cap au sud-sud-est qui portait encore plus directement vers la terre.

A midi, un enseigne de vaisseau, après avoir fait le point, assurait qu'on se trouvait sur l'accore du banc, et il fit part de son observation à l'officier qui depuis plusieurs jours donnait des conseils au commandant sur la route à tenir. « Laissez donc, répondit celui-ci, nous sommes par les quatre-vingts brasses. » « La couleur de l'eau était entièrement changée, dit M. Corréard ; des herbes nombreuses paraissaient le long du bord, et l'on prenait beaucoup de poisson. Tous ces faits prouvaient, à n'en pas douter, que nous étions sur un haut-fond; la sonde annonça effectivement dix-huit brasses seulement. L'officier de quart fit tout de suite prévenir le commandant, qui ordonna de venir un peu plus au vent. Nous étions grand largue, les bonnettes à bâbord. On amena aussitôt ces voiles; la sonde fut lancée de nouveau et donna six brasses. Le capitaine en fut prévenu; en toute hâte, il ordonna de serrer le vent le plus possible; mais il n'était malheureusement plus temps. La frégate, en loffant, donna presque aussitôt un coup de talon; elle courut encore un moment, en donna un second, enfin un troisième. Elle s'arrêta dans un endroit où la sonde ne donna que 5 mètres 60 centimètres d'eau, et c'était l'instant de la pleine mer. Nous nous trouvâmes dans cette position fatale précisément à l'époque des fortes marées, temps qui nous était le plus défavorable, parce qu'elles allaient perdre et que nous touchâmes pendant que l'eau était le plus élevée. »

L'échouage eut lieu le 4 à trois heures un quart de l'après-midi. Cet événement répandit sur la frégate la plus sombre consternation. On voulut prendre les dispositions ordinaires pour dégager le bâtiment; après l'avoir allégé, on mouilla successivement des ancres dans différentes directions et on vira sur les grelins, mais ces manœuvres, prolongées durant deux jours entiers, restèrent infructueuses.

Dans la prévision de la perte du navire, on tint conseil pour chercher comment on pourrait assurer une retraite à l'équipage. Le gouverneur du Sénégal donna le plan d'un radeau qu'il crut susceptible de porter deux cents hommes avec des vivres. On fut obligé d'avoir recours à un moyen de cette nature, parce que les six embarcations du bord furent jugées incapables de se charger des quatre cents hommes présents. Les vivres devaient être déposés sur le radeau, et aux heures des repas les équipages des canots seraient venus y prendre leurs rations. Débarquant sur les côtes sablonneuses du désert, on se serait formé en caravane pour se diriger vers Saint-Louis. Les événements qui eurent lieu dans la suite prouvèrent que ce plan était parfaitement conçu et qu'il eût été couronné de succès ; par malheur, l'exécution de ces décisions fut entravée par les désolantes suggestions de l'égoïsme.

Un moment, la *Méduse* se mit à éviter d'une manière sensible ; elle était presque à flot, et à marée haute l'arrière seul touchait encore un peu. On avait grand espoir pour le lendemain ; mais dans la nuit du 4 au 5, le ciel s'obscurcit, le vent se leva, la mer grossit, et la frégate fut de plus en plus remuée. « Elle commença, dit M. Corréard, à donner de forts coups de talon qui se multipliaient en augmentant de violence. A chaque instant, nous nous attendions à la voir s'entr'ouvrir ; la consternation devint de nouveau générale, et nous acquîmes bientôt la certitude cruelle que le bâtiment était perdu sans ressource. Il creva au milieu de la nuit ; sa quille se brisa en deux parties ; le gouvernail se démonta et ne tint plus à l'arrière que par ses chaînes, ce qui lui fit faire un ravage épouvantable. Il produisait l'effet d'un bélier horizontal qui, ébranlé avec violence par les vagues, frappait à coups redoublés la poupe du navire. Aussi tout l'arrière du parquet de la chambre du commandant était soulevé; l'eau entrait d'une manière effrayante. Bientôt aux dangers de la mer vinrent se joindre les premières menaces du danger des passions soulevées par le désespoir et dégagées de tout frein par le sentiment impérieux de la conservation personnelle. Vers les onze heures, il éclata une espèce de révolte, suscitée par quelques militaires, qui persuadèrent à leurs camarades qu'on voulait les abandonner. Plusieurs soldats avaient saisi leurs armes et s'étaient rangés sur le pont, dont ils occupaient tous les passages; mais la présence du gouverneur et des officiers suffit pour lors à calmer les esprits et à rétablir l'ordre.

« Bientôt après, le radeau, entraîné par la force du courant et de la mer, cassa l'amarrage qui le retenait à la frégate; il s'en allait en dérive. Des cris annoncèrent cet accident; on envoya de suite un canot qui le ramena à bord. Cette nuit fut extrêmement pénible Tourmentés par l'idée que notre bâtiment était entièrement perdu, ballottés par les forts mouvements que lui imprimaient les vagues, nous ne pûmes prendre un seul instant de repos.

« Le lendemain 5, à la pointe du jour, il y avait près de trois mètres d'eau dans la cale et les pompes ne pouvaient plus franchir : il fut décidé qu'il fallait évacuer le plus promptement possible. »

Le radeau était long de 20 mètres et large de 7. Il

était composé des mâts de hune de la frégate, des vergues, des jumelles, d'espars, etc. Ces différentes pièces étaient jointes les unes aux autres par des amarrages. Deux mâts de hune formaient les pièces principales et étaient placés sur les côtés; quatre autres

Construction du radeau de la Méduse (1816).

mâts étaient réunis deux à deux au centre de la machine. Des planches clouées par-dessus ce premier plan formaient une espèce de parquet. Toutefois cette construction très-imparfaite n'avait pas été entièrement achevée. On y fit descendre cent vingt-deux militaires, vingt-trois marins et passagers. Le grand canot reçut trente-cinq personnes; le canot major, quarante-deux; le canot du commandant, vingt-huit, la chaloupe, quatre-vingt-huit; un canot de huit avirons, vingt-cinq, et la plus petite embarcation, quinze. On voulait embarquer sur le radeau et dans les canots des provisions, du vin et des pièces d'eau; mais tout se fit avec tant de confusion que ces objets essentiels furent mal répartis, et qu'une grande quantité fut laissée sur le pont de la frégate ou jetée à la mer pendant le tumulte de l'évacuation.

La loi de l'honneur prescrit au commandant d'un bâtiment naufragé de le quitter le dernier; M. de Chaumareys manqua à cette obligation en s'embarquant dans son canot pendant qu'il y avait encore une soixantaine d'hommes sur la frégate. On en laissa en définitive dix-sept, qui ne purent s'embarquer dans la chaloupe, trop chargée et peu en état de tenir la mer. Il y aurait eu encore possibilité, selon un rapport, de les placer dans les autres embarcations, et surtout dans celle qui renfermait le gouverneur et sa famille.

Au moment du départ, quand le radeau remorqué par les six embarcations s'éloigna de la frégate aux cris de : « Vive le roi! » on avait cependant assez bon courage. Les chefs de ces embarcations avaient juré de ne point abandonner le radeau; on devait se sauver tous ou périr tous ensemble.

A peine avait-on cependant fait faire deux lieues au radeau que ces serments furent oubliés. « On était au moment du jusant, dit M. Corréard, qui se trouvait sur le radeau, et les courants portaient les embarcations vers le large. Se trouver en pleine mer avec des embarcations non pontées pouvait bien inspirer quelque crainte, mais sous peu d'heures les courants devaient changer et nous favoriser. Il fallait donc attendre ce moment qui aurait évidemment démontré la possibilité de nous traîner jusqu'à la terre dont nous n'étions pas éloignés de plus de douze à quinze lieues. Cela est si vrai que le soir, avant le coucher du soleil, les canots eurent connaissance de la côte. Peut-être auraient-ils été forcés de nous abandonner la deuxième nuit après notre départ, si toutefois il eût fallu plus de trente-six heures pour nous remorquer jusqu'à terre, car le temps fut très-mauvais. Mais nous nous serions trouvés alors très-près de la côte, et il eût été très-facile de nous sauver : nous n'aurions eu du moins que les éléments à accuser !... Nous ne crûmes réellement pas, dans les premiers instants, que nous étions si cruellement abandonnés. Nous nous imaginions que les canots avaient largué, parce qu'ils avaient aperçu un navire et qu'ils couraient dessus pour demander du secours. »

Lorsqu'on reconnut que c'était une illusion de compter sur le retour des embarcations et qu'il y avait eu réellement un « sauve-qui-peut, » on se regarda avec une profonde stupeur. Peu à peu les plus intelligents cherchèrent à ranimer les courages et commencèrent à se rendre un compte exact de la situation : elle était affreuse !

Les naufragés étaient tellement serrés les uns contre les autres, qu'il leur était presque impossible de re-

7

muer. Beaucoup d'entre eux avaient une grande partie du corps plongée dans l'eau. Voyant au moment du départ le radeau enfoncer sous le poids des hommes, on avait jeté plusieurs barils de farine à la mer. Personne n'avait surveillé l'approvisionnement, de sorte qu'on trouva seulement un sac contenant environ vingt-cinq livres de biscuit, et ce sac ayant été mouillé, le biscuit s'était réduit en pâte. La famine était inévitable. Pour boisson, on avait seulement six barriques de vin et deux petites pièces d'eau.

D'un autre côté, il n'y avait ni cartes ni compas de route, et la petite voile qu'on parvint à fixer au mât ne pouvait servir que pour le vent arrière.

Le biscuit ne procura qu'un faible repas au milieu du jour. On arriva avec assez de calme à la nuit, qui fut affreuse, car le vent fraîchit beaucoup. Chaque fois que les lames soulevaient une des extrémités du radeau, les passagers tombaient les uns sur les autres et l'on entendait sans cesse des cris de désespoir. Quand le jour arriva, on reconnut qu'une vingtaine d'hommes avaient disparu. Quelques-uns avaient les pieds pris dans les pièces de bois et leur corps plongé dans la mer; un seul d'entre eux fut rappelé à la vie par les soins de ses deux fils.

On eut encore dans cette journée, qui fut assez belle, l'espoir de voir revenir les embarcations; mais quand on le vit trompé, un complet découragement s'empara des âmes. Le soir, le ciel se couvrit d'épais nuages et la mer fut encore plus terrible que la nuit précédente. Les hommes, dans l'impuissance de se tenir aux extrémités, se réunirent au centre du radeau, et ceux qui ne purent le gagner périrent presque tous. Du reste, le rapprochement au milieu fut tel que quelques hommes furent étouffés par le poids de leurs camarades, qui tombaient sur eux.

Les soldats et les matelots, se regardant comme perdus, se mirent à boire avec excès. Alors, devenus furieux, ils s'écrièrent qu'on voulait les trahir, qu'il fallait mourir tous ensemble, et ils tentèrent réellement de détruire le radeau en coupant les amarrages. Les officiers et les passagers, qui avaient conservé leur raison, s'y opposèrent. Un combat terrible s'engagea à coups de haches, de sabres, de baïonnettes, de couteaux. La lune éclairait cette épouvantable scène. La lassitude seule amena quelques moments de trêve. Aux premières lueurs du jour, on constata que plus de soixante hommes avaient péri : un quart s'était noyé de désespoir. On s'aperçut aussi d'un grand malheur. Les rebelles, pendant le tumulte, avaient jeté à la mer deux barriques de vin et les deux seules pièces d'eau ; il ne restait qu'une barrique de vin à distribuer entre les soixante survivants. Dans cette journée déjà, les premiers actes de cannibalisme se produisirent. Quelques hommes se jetèrent sur des cadavres et dévorèrent des lambeaux de chair. La nuit fut plus calme, et cependant au lever du quatrième jour on compta douze nouveaux morts.

Dans l'après-midi, il y eut heureusement un passage de poissons volants, dont plus de deux cents s'engagèrent entre les vides laissés par les pièces de bois.

l'aide d'un briquet et d'un peu d'amadou on parvint à allumer les débris d'un tonneau et à former un foyer qui servit à cuire les poissons, mais sur lequel on plaça aussi de la chair humaine.

Un nouveau massacre eut lieu pendant la nuit, des Espagnols, des Italiens et des nègres, restés neutres jusqu'alors, ayant formé le complot de jeter à la mer tous leurs compagnons. Le lendemain matin, trente individus restaient encore vivants, et parmi eux des blessés en grand nombre.

Quelques pages tirées du récit du témoin déjà cité retracent le tableau des scènes affreuses qui suivirent :

« Quinze naufragés seulement paraissaient pouvoir exister encore quelques jours, et tous les autres, couverts de larges blessures, avaient presque entièrement perdu la raison. Cependant ils avaient part aux distributions et pouvaient, avant leur mort, consommer, disions-nous, trente ou quarante bouteilles de vin, qui, pour nous, étaient d'un prix inestimable. On délibéra; mettre les malades à demi-ration, c'était leur donner la mort de suite. Après un conseil présidé par le plus affreux désespoir, il fut décidé qu'on les jetterait à la mer. Ce moyen, quelque répugnant, quelque horrible qu'il nous parût à nous-mêmes, procurait aux survivants six jours de vin, à deux quarts par jour. Mais, la décision prise, qui osera l'exécuter ? L'habitude de voir la mort prête à fondre sur nous, la certitude de notre perte infaillible sans ce funeste expédient, tout, en un mot, avait endurci nos cœurs,

Le radeau de *la Méduse* (1816).

devenus insensibles à tout autre sentiment qu'à celui de notre conservation. Trois matelots et un soldat se chargèrent de cette cruelle exécution; nous détournâmes les yeux et nous versâmes des larmes de sang sur le sort de ces infortunés. Parmi eux étaient la cantinière et son mari, que nous avions précédemment sauvés au moment où ils allaient se noyer. Tous deux avaient été grièvement blessés dans les combats; la femme avait eu une cuisse cassée entre les charpentes du radeau, et un coup de sabre avait fait au mari une profonde blessure à la tête. Tout annonçait leur fin prochaine. Nous avions besoin de croire qu'en précipitant le terme de leurs maux, notre cruelle résolution n'avait raccourci que de quelques instants la mesure de leur existence.

« Cette femme, cette Française à qui des militaires, des Français donnaient la mer pour tombeau s'était associée vingt ans aux glorieuses fatigues de nos armées; pendant vingt ans elle avait porté aux braves, sur les champs de bataille, ou de nécessaires secours, ou de douces consolations. Et elle... c'est au milieu des siens, c'est par les mains des siens... ! Lecteurs, qui frémissez au cri de l'humanité outragée, rappelez-vous du moins que c'étaient d'autres hommes, des compatriotes, des camarades, qui nous avaient mis dans cette affreuse situation.

« Un événement vint apporter une heureuse distraction à la profonde horreur dont nous étions saisis. Tout à coup un papillon blanc, du genre de ceux qui sont si communs en France, apparut voltigeant au-dessus de nos têtes, et se reposa sur notre voile. La première idée qui fut comme inspirée à chacun de nous, nous fit regarder ce petit animal comme l'avant-courrier qui nous apportait la nouvelle d'un prochain atterrage, et nous en embrassâmes l'espérance avec une sorte de délire. Mais c'était le neuvième jour que nous passions sur notre radeau; les tourments de la faim déchiraient nos entrailles; déjà des soldats et des matelots dévoraient d'un œil hagard cette chétive proie et semblaient près de se la disputer. D'autres, regardant ce papillon comme un envoyé du ciel, déclarèrent qu'ils prenaient le pauvre insecte sous leur protection et empêchèrent qu'il ne lui fût fait du mal. Nous portâmes donc nos vœux et nos regards vers cette terre désirée que nous croyions à chaque instant voir s'élever devant nous. Il est certain que nous ne devions pas en être éloignés; car les papillons continuèrent les jours suivants à venir voltiger autour de notre voile, et le même jour nous en eûmes un autre indice non moins positif en apercevant un goéland qui volait au-dessus de notre radeau.

« Trois jours se passèrent encore dans des angoisses inexprimables; nous méprisions tellement la vie, que plusieurs d'entre nous ne craignirent pas de se baigner à la vue des requins qui entouraient notre radeau.

« Le 17 au matin, le soleil parut dégagé de tout nuage. Après avoir adressé nos prières à l'Éternel, nous partageâmes une partie de notre vin; chacun savourait avec délices sa faible portion, lorsqu'un capitaine d'infanterie, jetant ses regards vers l'horizon, aperçut un navire et nous l'annonça par un cri de joie. Nous reconnûmes que c'était un brick ; mais il était à une grande distance. La vue de ce bâtiment répandit parmi nous une allégresse difficile à dépeindre ; chacun de nous croyait son salut certain, et nous rendîmes à Dieu mille actions de grâce. Cependant les craintes venaient se mêler à nos espérances ; nous redressâmes des cercles de barriques aux extrémités desquels nous attachâmes des mouchoirs de différentes couleurs. Un homme, avec nos secours, monta au haut du mât et agitait ces petits pavillons. Pendant plus d'une demi-heure nous flottâmes entre l'espoir et la crainte ; les uns croyaient voir grossir le navire, et les autres assuraient que sa bordée le portait au large de nous. Ces derniers étaient les seuls dont les yeux n'étaient pas fascinés par l'espérance, car le brick disparut.

« Du délire de la joie nous passâmes à celui de l'abattement et de la douleur. Pour calmer notre désespoir nous voulûmes chercher quelques consolations dans le sommeil. La veille, nous avions été dévorés par les feux d'un soleil brûlant ; ce jour-ci nous disposâmes notre voile en tente et nous nous couchâmes tous dessous. On proposa alors de tracer sur une planche un abrégé de nos aventures, d'écrire tous nos noms au bas de notre récit et de le fixer à la partie supérieure du mât, dans l'espérance qu'il parviendrait au gouvernement et à nos familles. Après avoir passé deux heures, livrés aux plus cruelles réflexions, le maître canonnier de la frégate voulut aller sur le devant du radeau et sortit de dessous notre tente. A peine eut-il mis la tête au dehors, qu'il revint à nous en poussant un grand cri. La joie était peinte sur son visage ; ses mains étaient étendues vers la mer ; il respirait à peine. Tout ce qu'il put dire, ce fut : *Sauvés ! voilà le brick qui est sur nous!* Et il était, en effet, tout au plus à une demi-heure, ayant toutes ses voiles dehors et gouvernant à venir passer extrêmement près de nous. Nous sortîmes de dessous notre tente avec précipitation ; ceux même que d'énormes blessures aux membres inférieurs retenaient continuellement couchés depuis plusieurs jours, se traînèrent sur le derrière du radeau pour jouir de la vue de ce navire qui venait nous arracher à une mort certaine. Nous nous embrassions tous avec des transports qui tenaient beaucoup de la folie, et des larmes de joie sillonnaient nos joues desséchées par les plus cruelles privations. Chacun se saisit de mouchoirs ou de différentes pièces de linge pour faire des signaux au brick, qui s'approchait rapidement. Quelques autres, prosternés, remerciaient avec ferveur la Providence qui nous rendait si miraculeusement à la vie. Notre joie redoubla lorsque nous aperçûmes en haut de son mât de misaine un grand pavillon blanc ; nous nous écriâmes : « C'est donc à des Français que nous allons devoir notre salut ! » Nous reconnûmes presque aussitôt le brick *l'Argus* : il était alors à deux portées de fusil.

« .... En peu de temps nous fûmes transportés à bord. Nous y rencontrâmes le lieutenant en pied de la frégate et quelques autres naufragés. L'attendrissement était peint sur tous les visages ; la pitié arrachait des larmes à tous ceux qui portaient leurs regards sur nous. Qu'on se figure quinze infortunés presque nus, le corps et la figure flétris de coups de soleil. Dix des quinze pouvaient à peine se mouvoir. Nos membres étaient dépourvus d'épiderme ; une profonde altération était peinte dans tous nos traits ; nos yeux caves et presque farouches, nos longues barbes, nous donnaient encore un air plus hideux ; nous n'étions que des ombres de nous-mêmes. Nous trouvâmes à bord du brick de fort bon bouillon qu'on avait préparé dès qu'on nous eut aperçus ; on y mêla d'excellent vin : on releva ainsi nos forces prêtes à s'éteindre. On nous prodigua les soins les plus généreux et les plus attentifs ; nos blessures furent pansées, et le lendemain plusieurs des plus malades commencèrent à se soulever... »

Après ce récit du terrible drame dont le pinceau de Géricault a tracé avec tant de puissance le dernier épisode, nous dirons très-brièvement ce que devinrent les six embarcations qui avaient abandonné le radeau.

Les canots de M. de Chaumareys et du gouverneur arrivèrent à Saint-Louis sans avoir été exposés à aucun danger sérieux. La chaloupe arriva près de la côte, au nord du cap Mirick, après avoir touché plusieurs fois. Les passagers, souffrant cruellement de la soif, demandèrent à débarquer ; on voulut les retenir en leur représentant les dangers qu'ils auraient à affronter dans le désert pendant une traversée de près de cent lieues pour arriver à Saint-Louis. Soixante-trois s'obstinèrent dans leur résolution et subirent d'horribles souffrances dans les sables brûlants. Les vivres et l'eau manquèrent pendant une grande partie de la route. Heureusement l'*Argus* aperçut la caravane et lui fournit des provisions. Elle rencontra une bande de Maures qui dépouillèrent les naufragés de leurs vêtements. Ce ne fut que le 30 juillet qu'elle entra à Saint-Louis, après avoir perdu six personnes.

La chaloupe, en reprenant le large, rencontra le plus petit canot et se chargea des quinze personnes qu'il portait, car il ne pouvait plus tenir contre la violence des vagues. Le canot major et le canot à huit avirons rallièrent; on naviguait quelque temps de conserve, mais les trois embarcations firent côte le 8 juillet, et les passagers durent se réfugier à terre. La marche se fit avec ordre vers le Sénégal, sous la conduite des officiers, et, le 11 juillet, on communiqua avec l'*Argus*, qui secourut cette caravane avant l'autre. Les indigènes vinrent vendre quelques provisions; mais la route sur le sable échauffé par l'ardeur intolérable du soleil fut extrêmement fatigante. On arriva du moins au but dès le 12 au soir, et sans aucune perte d'hommes.

Ce fut le 26 juillet seulement qu'on songea à envoyer un navire vers *la Méduse*, à bord de laquelle on savait pourtant qu'un groupe d'hommes était resté. La goëlette chargée de cette mission eut des vents contraires, et arriva près de la frégate échouée cinquante-deux jours après son abandon. On ne trouva plus que trois des dix-sept malheureux qui n'avaient pu s'embarquer dans la chaloupe. Dix jours avant, douze d'entre eux, voyant les vivres épuisés, avaient cherché à se sauver sur un petit radeau qu'ils avaient construit; mais, selon toute apparence, ils avaient péri. Deux étaient morts depuis. On transporta les survivants au Sénégal, où ils revinrent à la santé.

M. de Chaumareys, rappelé en France, fut traduit devant un conseil de guerre. Déclaré coupable de la perte de *la Méduse* par impéritie, il fut rayé de la liste des officiers de la marine, déclaré impropre à tout service et condamné à trois ans de prison militaire.

# XI

## NAUFRAGE DU NEPTUNE

RAPPORT DU MATELOT BÉNIGNE BOURET AU COMMISSAIRE DE LA MARINE CHARGÉ EN CHEF DU SERVICE A MARSEILLE

Le brick *le Neptune*, de Boulogne, de cent cinquante tonneaux et huit hommes d'équipage, partit de Cette, sous le commandement du capitaine Labian, le 20 décembre 1821, à sept heures et demie du matin, chargé d'eau-de-vie, de vin et d'esprits, par un beau temps de sud-ouest.

Une heure après, il ventait grand frais ; le lendemain et toute la journée du 22, le temps fut superbe.

Le 23, la mer était affreuse, les vents toujours dans la même direction, le ciel couvert de nuages.

Le 24, la tempête devint terrible ; nous étions alors à peu près par le travers de Barcelone, à dix lieues environ de la côte, d'après ce que j'entendis dire au capitaine. Sur les sept heures, on aperçut le feu Saint-Elme sur la girouette du grand mât. Je considérais ce phénomène, que je voyais pour la première fois, et que mes camarades disaient être un présage funeste, lorsque nous fûmes totalement éblouis par un éclair épouvantable. Le capitaine ordonna à tout l'équipage de monter sur le pont : il fit serrer le petit hunier et la brigantine, et virer de bord sur la misaine, le grand hunier et le petit foc. Après avoir abattu, nous allions vent arrière.

A huit heures, le capitaine envoya du monde se coucher. L'obscurité était profonde ; de grands éclairs, accompagnés de violents coups de tonnerre, jetaient, de moment en moment, une lueur lugubre. On commença à pomper continuellement, présumant que la pompe suffirait pour affranchir le navire. Un peu plus tard, on s'aperçut que, dans la cale, une pièce d'eau-de-vie s'était dérangée : le capitaine et le second s'y transportèrent, la pièce fut arrimée de nouveau ; un moment après, on entendit rouler plusieurs barriques, sans qu'il fût possible d'y porter remède.

Le vent devenait toujours plus violent. A neuf heures et demie, je m'approchai de la pompe. Le navire était fortement incliné, recevant des coups de mer terribles qui faisaient à bord un fracas épouvantable. Quelques minutes après, je m'aperçus que nous tombions toujours plus sous le vent, et, regardant du côté opposé, je vis cette partie du navire s'élever; je m'y élançais pour saisir les haubans, lorsque j'entendis le lieutenant prononcer ces mots : « Voilà le navire... ! » et une autre voix : « Ah ! mon Dieu !... » Au même instant tout fût englouti.

Dans cet affreux moment, me tenant toujours amarré, je ne conservai qu'une légère lueur de connaissance, que je perdis bientôt totalement. Je ne sais combien de temps je restai dans cet état. Enfin, le navire s'étant relevé, le mouvement de l'eau qui coulait sur ma figure me fit reprendre mes sens. J'ouvris les yeux ; je revis les éclairs sillonnant d'horribles nuages que le vent faisait rouler avec rapidité sur ma tête, et ma première pensée s'éleva en actions de grâces vers le ciel.

Je serrais toujours fortement les haubans ; le devant de ma jambe était écorché par les efforts que j'avais faits pour me retenir. Je montai jusqu'à la grand'hune, appelant à plusieurs reprises pour demander ce que j'avais à faire.

Personne ne répond.... J'appelle encore : quelques gémissements parviennent jusqu'à mon oreille ; ils se perdent bientôt dans le bruit de la tempête. J'étais glacé d'effroi. Cependant une voix semble articuler quelques mots que je ne puis comprendre. Alors je descendis sur le côté du navire qui se trouvait hors de l'eau, dans les moments où les lames ne l'inondaient pas, et j'aperçus le novice (nommé Voisin), assis sur les haubans ; le chien du bord était à côté de lui. Il serra tristement ma main, en me disant : « Il paraît que tous nos camarades ont péri ; qu'allons-nous devenir ? »

Vers les onze heures environ, le mât de misaine et le beaupré se rompirent à quelques pieds au-dessus du pont ; le mât de hune désempara également, et le grand mât resta seul avec sa hune. Le navire, soulagé de ce poids, se releva un peu, et nous montâmes dans la hune. Je travaillai à détacher la grande vergue dont la voile était déferlée ; je coupai avec mon

Naufrage du *Neptune* (1821).

couteau les manœuvres qui la retenaient, et je parvins à faire tomber le tout sur le pont. Succombant à la fatigue, tout mouillés, quoique dans ce moment les vagues ne montassent pas jusqu'à nous, nous nous amarrâmes dans la hune, et nous nous abandonnâmes au sommeil.

Le temps fut le même pendant toute la journée du 25. Nous ne pûmes pas descendre sur le pont, à cause des vagues qui le couvraient de temps en temps avec la plus grande violence. Nous voyions les barriques qui sortaient de la cale, et se brisaient bientôt après. Nous apercevions deux bricks à la distance de quelques lieues, louvoyant à la cape. Le temps, couvert d'épais nuages, s'éclaircissait par moments; nos vêtements étaient secs; l'espérance que ces navires se rapprocheraient de nous nous fit passer la nuit assez paisiblement.

Le 26, nous vîmes un brick, que je présumai être un de ceux de la veille, courant sur nous; nous eûmes quelques moments de joie. Dans l'après-midi, il nous passa sous le vent, assez près. Il était à la cape comme la veille. Nous voyions le monde à bord. Il paraît que nous ne fûmes pas aperçus, car bientôt nous le vîmes s'éloigner et disparaître. Sur le soir, le temps étant devenu assez clair, nous crûmes reconnaître à l'horizon deux pointes de terre.

Après une nuit très-agitée, nous revîmes la lumière. Hélas! elle ne venait plus éclairer que nos douleurs, qui bientôt allaient nous plonger dans une nuit éternelle.

Vers le milieu du jour, apercevant une capote le long du bord, je me disposai à descendre pour la dégager, malgré les lames qui couvraient toujours le navire. Nous voyions aussi, par l'ouverture de la chambre, une barrique que la mer n'avait pu encore en faire sortir, et qui flottait à peu près au niveau du pont. J'engageai le novice à descendre avec moi pour m'aider à la défoncer; il ne le pouvait pas, se sentant trop faible, et ayant les pieds enflés par le froid. Arrivé sur le pont, je fus obligé de me cramponner contre le tronçon du mât, pour ne pas être emporté par les vagues. Quand elles se retiraient, j'avançais, et je frappais sur la barrique avec un morceau de fer et un bout-dehors de la bonnette ; j'étais, presque aussitôt, obligé de battre en retraite, pour revenir encore. Je vins à bout cependant d'enfoncer le fond de la barrique : c'était de l'eau-de-vie. Je me hâtai d'y plonger mon chapeau, et j'allais, en le retirant, le porter à mes lèvres, lorsqu'une lame me couvrit entièrement, et me fit perdre en un instant tout le fruit de mes peines. Je puisai encore une fois avec mon chapeau dans la barrique, mais la liqueur n'avait plus de force; à peine pouvait-elle corriger un peu l'amertume de l'eau salée. Je n'en bus qu'environ la valeur d'un petit verre. Presque désespéré, je remontai dans la hune, tenant la capote sous le bras et mon chapeau à la main. Le novice essaya de boire, mais il ne put le supporter, et nous continuâmes d'être en proie à toutes les souffrances d'une soif dévorante.

Un peu plus tard, nous vîmes le cadavre d'un matelot sortir par la chambre, avec des débris de meubles. Ce malheureux, dont nous enviâmes le sort, avait encore la tête appuyée sur son bras, comme si la mort l'avait saisi pendant son sommeil. Je voulus descendre pour enlever son gilet, afin de couvrir mon camarade. Il ne le voulut pas et me dit : « Si la mer vous emporte, que deviendrai-je? » Malgré son observation, j'allais descendre, mais le cadavre avait disparu.

Dans l'après-midi, j'orientai une espèce de voile, qui porta jusqu'au soir. J'espérais, par ce moyen, m'approcher de terre; le vent ayant tourné, je fus obligé de l'amener, dans la crainte qu'elle ne nous portât au large.

Le 28, la mer était très-haute; elle venait nous envelopper jusque dans la hune; trempés jusqu'aux os, mourant de froid, de faim et de soif, nos angoisses ne peuvent s'exprimer.

Le chien du bord était resté, depuis le premier jour, sur l'arrière. La mer l'emportait, puis il revenait encore en nageant; il nous regardait en poussant des cris lamentables. Plusieurs fois il essaya de venir jusqu'au pied du grand mât; la mer l'emportait toujours. La nuit, surtout, ses hurlements étaient affreux; ils ajoutaient encore, s'il est possible, aux terreurs qui nous agitaient. Dans cette journée, ses forces paraissaient épuisées; il luttait contre la mort, jusqu'à ce qu'enfin une lame l'engloutit.

Le 29, nous n'aperçûmes, de même que dans les journées précédentes, aucune voile sur l'horizon; ainsi point d'espérance. Mon camarade ressentait dans l'estomac des douleurs si cruelles, qu'il me disait que quand même nous serions sauvés, il ne lui semblait plus possible qu'il pût jamais prendre aucun aliment. Me sentant plus de force que lui, et le courage ne m'ayant point tout à fait abandonné, je tâchai de le soutenir et de le consoler. La soif me tourmentait plus cruellement que la faim ; j'ouvrais la bouche pour respirer le vent, espérant trouver quelque soulagement.

Ainsi s'écoulaient le peu de jours d'existence qui nous restaient encore. Quand les souffrances et la mer nous laissaient quelques courts instants de calme, toutes les horreurs de notre position se présentaient à notre imagination. Je pleurais, en pensant à ma femme et à mes enfants ; ma femme, qui, à mon départ, avait éprouvé des peines si cruelles, semblant pressentir qu'elle ne devait plus me revoir.

Jusqu'au 1$^{er}$ janvier, aucun accident ne rompit la lugubre monotonie de nos douleurs, qui toujours allaient croissant. Le vent soufflait avec violence ; le navire s'inclinait fortement. Dans un de ces mouvements, une vague nous passa par-dessus la tête. Quelques instants après, le navire s'étant un peu redressé, nous nous démarrâmes pour nous placer dans la partie de la hune opposée à celle où nous étions, parce qu'elle était moins exposée à être submergée : quand je fus remonté, je voulus aider mon camarade à venir me joindre ; en me retournant, je ne le vis plus ; il avait été entraîné par la lame. Je lui jetai de suite un bout de corde qu'il saisit ; mais bientôt, d'une voix défaillante, il me dit : « Mes efforts sont inutiles ; je ne puis résister à mes souffrances ; je veux mourir. » Il abandonna la corde et disparut.

Ainsi je restai seul dans une espèce d'anéantissement ; je ne savais si j'existais encore. Sur le soir, ma bouche était si sèche que je ne pouvais plus respirer ; j'étouffais.

Le 2 janvier, j'eus encore assez de force pour descendre par les haubans ; je pris de l'eau et m'en lavai la figure, la bouche et les mains. Je sentis quelque soulagement.

Ainsi neuf jours s'étaient écoulés sans que j'eusse pris aucune espèce de nourriture ; mes forces étaient épuisées. Amarré dans la hune, ne pouvant presque plus faire de mouvement, je ressentais toutes les horreurs d'une affreuse agonie. Continuellement assoupi, des songes pénibles fatiguaient mon imagination presque en délire. Cependant une idée bienfaisante me soutenait encore : il me semblait voir ma femme et mon enfant qui me disaient de ne pas perdre courage, que je souffrais beaucoup, mais que je serais sauvé. Ce prestige se présentait presque à chaque instant à ma pensée ; il jetait quelque lueur sur le reste d'existence que la douleur me laissait encore.

Je passai dans cet état la journée du 3 et la nuit qui la suivit. Ma vue était troublée ; je voyais des feux dans le ciel ; les étoiles me semblaient d'une énorme grosseur ; la clarté de la lune éblouissait mes yeux, ils ne pouvaient la supporter.

Le 4 janvier, au point du jour, promenant mes regards affaiblis sur l'horizon, je ne pus rien apercevoir. Hélas ! encore un jour de souffrance ! Et je retombais dans un profond assoupissement. Je dus rester assez longtemps en cet état. Tout à coup il me sembla entendre des voix qui me disaient : « Lève-toi, tu es sauvé. » Ce n'était qu'un jeu de mon imagination, car personne n'était encore auprès de moi. Ces voix me frappèrent de nouveau. Dans ce moment, j'ouvris les yeux, et je distinguai, non loin de moi, la voilure d'un navire, sur laquelle le soleil brillait de tout son éclat. Un moment après, une chaloupe s'approcha ; on me démarra, et l'on me transporta à bord ; c'était la galiote hollandaise *le Good-Hoope*, capitaine Klein, qui s'empressa de me faire prodiguer tous les soins que ma malheureuse situation exigeait. Quand je fus revenu à moi, on me dit que l'on avait vu le navire submergé, et qu'on avait cru que tout le monde avait péri, mais que le capitaine avait ordonné de s'approcher le plus près possible, afin de s'assurer s'il n'y avait personne à bord. C'est à cette généreuse résolution que je dois la vie. Après quelques jours encore de navigation, nous arrivâmes à Toulon, où le navire, à cause de moi, fut soumis à une quarantaine ; ce qui rend encore plus digne d'éloge l'humanité désintéressée du capitaine, qui ne craignit pas de s'exposer à des frais pour rendre un infortuné marin à l'existence [1].

[1] *Annales maritimes et coloniales*, année 1822, II<sup>e</sup> partie.

## XII

### INCENDIE ET NAUFRAGE DU KENT

EXTRAIT DE LA RELATION DU MAJOR MAC-GREGOR

Le *Kent*, de treize cent cinquante tonneaux, destiné pour les Indes, partit d'un port de la Manche le 19 février 1824. Il avait à bord vingt officiers, trois cent quarante-quatre soldats, quarante-trois femmes et soixante-six enfants, faisant partie du 31$^e$ régiment, et en outre vingt passagers et cent quarante-huit hommes d'équipage. Le lundi 28, il était dans l'Océan par le travers de Penmark et à environ quatre-vingts lieues de terre, lorsqu'il fut assailli par un violent coup de vent de sud-ouest.

Le 1$^{er}$ mars, dans la matinée, on était à la cape sous le grand hunier à trois ris. Le roulis devenait insupportable par suite de quelques centaines de tonneaux de boulets et de bombes qui formaient une partie de la cargaison. Un officier, craignant qu'il ne survînt des désordres dans la cale, y descendit avec deux matelots et un fanal. Hélas ! ce fut cette précaution salutaire qui tourna en un funeste accident : une barrique d'eau-de-vie était dérangée de sa place ; pendant qu'on s'occupait à la caler, le navire éprouva un brusque et rude coup de roulis ; la lampe tomba ; la barrique s'effondra, et l'eau-de-vie enflammée, promenée dans la cale par les mouvements du navire, alluma l'incendie sur cent points à la fois. Les pompes, les seaux d'eau, les voiles et les hamacs mouillés, toutes les ressources disponibles, toute l'activité de l'équipage, demeurèrent inutiles, et bientôt à la flamme bleuâtre de l'eau-de-vie succédèrent d'énormes tourbillons d'une fumée noire et épaisse, que vomissaient rapidement les quatre écoutilles, et qui venaient rouler en torrents d'un bout à l'autre du vaisseau.

En ce terrible moment, le capitaine fit pratiquer des voies d'eau dans le premier et le second pont, et ouvrir les sabords de la partie basse, afin de laisser entrer la mer : noyer l'incendie sous des montagnes d'eau était la dernière chance de salut. Et, en effet, les vagues se précipitant avec violence, brisant les cloisons, dont elles dispersaient les débris de toutes parts, arrêtèrent la violence des flammes et les réduisirent à une marche lente et sourde qui laissait pour un temps les poudres à l'abri ; mais à mesure que le danger de sauter diminua, celui de sombrer devenait plus imminent, et l'on songea à fermer les sabords, à boucher les écoutilles, pour exclure à la fois et la mer qui eût fait enfoncer le navire, et l'air qui eût accru la vivacité de l'incendie.

Ce fut dans ce moment de repos, pendant lequel chacun se trouva réduit à une condition passive, que l'on commença à mesurer la profonde horreur de la situation de l'équipage.

Quelques soldats, une femme et plusieurs enfants avaient péri dans l'entre-pont, suffoqués par la fumée âcre et épaisse. A l'exception de ces premières victimes, tout le monde était sur le pont supérieur, où se succédaient les scènes les plus déchirantes : les uns attendaient leur sort avec une résignation silencieuse ou une insensibilité stupide ; d'autres se livraient à toute la frénésie du désespoir. Plusieurs imploraient à genoux, avec cris et larmes, la miséricorde divine, tandis que quelques-uns des soldats et des matelots les plus vieux et les plus fermes de cœur allaient d'un air sombre se placer au-dessus du magasin à poudre, afin que l'explosion, qu'on attendait d'un instant à l'autre, terminât plus promptement leurs souffrances.

Plusieurs des femmes et des soldats étant venus chercher un refuge dans les chambres de la dunette, priaient et lisaient l'Écriture sainte avec les femmes des officiers et des passagers. Deux jeunes personnes, en particulier, furent admirées de tous ceux qui étaient témoins de la force de leur âme et de la douce pureté de leur foi chrétienne. Lorsqu'on vint annoncer l'approche d'une mort inévitable, elles se jetèrent à genoux, et offrirent aux femmes qui les entouraient de leur lire des fragments de la Bible.

« Dieu est notre retraite, notre force et notre secours dans les détresses. C'est pourquoi nous ne craindrons point, quand même la terre se bouleverserait et que les montagnes se renverseraient au milieu de la mer. »

Quelques pauvres enfants, entièrement ignorants du danger qui les menaçait, continuaient à jouer dans leur lit comme à l'ordinaire; d'autres, au contraire, paraissaient sentir toute l'étendue du péril; et, se rappelant les leçons qu'ils avaient reçues à l'école du régiment, priaient Dieu avec ferveur et en silence, tandis que de grosses larmes coulaient le long de leurs joues.

Il n'y avait plus à bord personne qui conservât le moindre espoir, lorsqu'il vint à l'esprit d'un des officiers de faire monter un matelot au petit mât de hune. Quelle ne fut pas la joie de tous les malheureux naufragés quand ils virent le marin agiter son chapeau et s'écrier : *Une voile sous le vent!* Aussitôt on hissa le pavillon de détresse, et tirant le canon de minute en minute, on laissa porter sur le brick ; mais la violence du vent ne permettait pas aux canons de se faire entendre. Dix à quinze minutes se passèrent avant que la manœuvre du navire en vue indiquât qu'il comprenait les signaux de détresse. Enfin la fumée de l'incendie, qui s'élevait en épais tourbillons, révéla assez clairement la nature du danger que courait le *Kent;* et le brick, forçant courageusement de voiles, malgré le mauvais temps, s'approcha du vaisseau enflammé.

Pendant qu'on délibérait sur les moyens de mettre les embarcations à la mer, un des lieutenants du régiment étant venu demander au major dans quel ordre les officiers devaient quitter le vaisseau : « Eh ! dans l'ordre que l'on observe aux funérailles, répondit celui-ci. — Sans doute, ajouta le colonel, les cadets les premiers. Mais faites passer au fil de l'épée tout homme qui ferait mine d'entrer dans la chaloupe avant que l'on ait sauvé les femmes et les enfants. »

Un accident affreux fut sur le point d'arriver lorsqu'on mit à la mer le grand canot, où se trouvaient réunis toutes les femmes et les enfants des officiers, avec quelques femmes des soldats.

Il était suspendu par les deux extrémités à deux crochets, et l'ordre fut donné de *larguer tout*; mais l'un des crochets ne put être dégagé sur-le-champ. L'extrémité du canot se soulevait déjà, et, suivant les mouvements du vaisseau, sortait peu à peu de la mer; encore dix secondes et il allait se trouver suspendu verticalement par l'avant, lorsque, heureusement, une vague vint à le soulever par derrière et permit aux matelots de dégager le fatal crochet.

Le canot partit enfin, luttant contre les vagues, tantôt s'élançant comme un oiseau de mer sur les crêtes écumantes, tantôt disparaissant comme enseveli dans leurs ondulations.

Le brick, qu'une providence miséricordieuse avait

Naufrage du *Kent* (1ᵉʳ mars 1824).

envoyé au secours du *Kent*, était la *Cambria*, capitaine Cook, du port de deux cents tonneaux, faisant route pour la Vera-Cruz, et ayant à bord une trentaine de mineurs et de fondeurs de Cornouailles.

Il se tenait prudemment en panne à une certaine distance du *Kent*, tant pour se soustraire au danger de l'explosion, que pour éviter le feu des canons chargés à boulet, qui partaient à mesure qu'ils étaient atteints par les flammes. Une demi-heure se passa avant que le canot pût accoster l'arche de refuge : il était temps, car pour laisser aux rameurs plus d'aisance, on avait entassé pêle-mêle les femmes et les enfants sous les bancs, et l'écume, qui à chaque coup de mer entrait dans l'embarcation, inondait ces malheureux.

La première créature humaine qui trouva asile à bord de la *Cambria* fut un enfant de quelques semaines, fils du major Mac Gregor.

Au retour des embarcations, il fallut prendre le parti de descendre les femmes et les enfants du haut du vaisseau, au moyen d'un cordage auquel on les attachait deux à deux; mais les mouvements de tangage et de roulis étaient si violents et si brusques, qu'il était impossible de saisir avec précision le moment où le canot se trouvait au-dessous de la corde, et on ne put éviter que plusieurs de ces malheureuses créatures ne fussent plongées dans la mer à plusieurs reprises ; ainsi périrent dans ces pénibles tentatives un grand nombre d'enfants.

Deux ou trois soldats, pour soulager leurs femmes,

sautèrent à la mer avec leurs enfants et se noyèrent en s'efforçant de les sauver. Un homme, réduit à l'affreuse alternative de perdre sa femme ou ses enfants, se prononça promptement pour ses devoirs envers sa femme ; elle fut sauvée ; mais, hélas ! ses quatre enfants périrent. Un soldat, mû de compassion pour les enfants de ses camarades, en fit attacher trois autour de son corps et plongea ainsi dans la mer. Il échoua dans ses efforts pour gagner le canot et on le hissa de nouveau à bord ; mais déjà deux des pauvres enfants avaient cessé de vivre. Un homme tomba dans l'écoutille et fut à l'instant dévoré par les flammes ; un autre qui glissa entre la chaloupe et le brick eut la tête écrasée ; plusieurs périrent en essayant de grimper à bord.

Bientôt on donna ordre d'admettre dans les bateaux quelques soldats en sus des femmes. Ils se glissaient dans les canots par un cordage suspendu au gui, en dehors de l'arrière du vaisseau ; mais en faisant cette manœuvre ils couraient de grands risques, car ils étaient plongés dans l'eau à plusieurs reprises ou brisés contre le plat bord des canots ; aussi plusieurs préféraient-ils sauter à la mer par les fenêtres de la poupe et tenter de gagner les embarcations à la nage. Pendant ce temps, ceux qui restaient à bord construisaient des radeaux avec des planches et des cages à poules, pour s'assurer un dernier refuge si les flammes les obligeaient d'abandonner tout à fait le bâtiment.

Cependant les officiers commencèrent à quitter le

*Kent*. Le soleil se couchait, et la fin de cette scène tragique approchait. On remarqua alors que les malheureux qui restaient encore à bord, au lieu de manifester l'impatience de partir, témoignaient au contraire une répugnance invincible à adopter le moyen périlleux, mais unique, qui leur était offert pour se sauver. Il fallut renouveler avec menaces l'ordre de ne pas perdre un seul instant. Il était près de dix heures du soir; les matelots des canots avertirent que le navire, déjà enfoncé de neuf à dix pieds au-dessus de la ligne de flottaison, venait encore de baisser de deux pieds pendant le dernier voyage; les officiers du régiment, ceux du vaisseau et le colonel songèrent sérieusement à faire leur retraite. Le capitaine, bien décidé à ne quitter le bord que le dernier, refusa de gagner les embarcations avant d'avoir fait de nouveaux efforts pour triompher de l'irrésolution d'un petit nombre d'hommes que la frayeur avait privés de la parole et du mouvement; mais ayant échoué dans ses prières, et entendant les canons, dont les amarres étaient coupées par les flammes, tomber l'un après l'autre dans la cale et y faire explosion, il crut devoir enfin songer à sa sûreté, et, saisissant un cordage, il se laissa glisser en dehors du navire au bout du gui, d'où il sauta à la mer et gagna le canot à la nage. Toutefois, pour offrir encore aux pauvres gens qui s'obstinaient à demeurer le moyen de se sauver, un des bateaux resta en station au-dessous de la poupe jusqu'au moment où les flammes, qui s'échappaient avec violence des fenêtres de la chambre du conseil, rendirent cette position insoutenable. Alors seulement le bateau quitta le *Kent*.

Ainsi tout l'équipage et les passagers du vaisseau, environ six cents hommes, étaient transportés et entassés à bord d'un navire de deux cents tonneaux. Ce n'était pas sans d'héroïques efforts de la part du capitaine de la *Cambria* et de son équipage que cet heureux succès avait été obtenu. Tandis que les huit matelots du brick manœuvraient leur bâtiment, les mineurs de Cornouailles s'étaient établis sur les portehaubans, dans la position la plus périlleuse, et, déployant la prodigieuse force musculaire dont le ciel les a doués, saisissaient dans les bateaux, à chaque retour de la vague, quelqu'une des victimes du naufrage et l'entraînaient sur le pont.

Avant de quitter ce lieu de désastre, l'attention des naufragés fut absorbée par la catastrophe finale de cette longue tragédie. Peu après l'arrivée du dernier bateau, les flammes montèrent avec la rapidité de l'éclair jusqu'au haut de la mâture du *Kent*, qui ne forma plus qu'une masse de feu ; les mâts ne tardèrent pas à s'écrouler. Enfin le magasin à poudre étant gagné par les flammes, l'explosion eut lieu, et les débris du *Kent* furent lancés en l'air comme autant de fusées.

Cependant le brick mit le cap sur l'Angleterre et fila bientôt neuf à dix nœuds. La condition des naufragés n'était pas encore exempte de danger, et leur grand nombre sur un si petit espace les laissait exposés à des souffrances indicibles. Une chambre disposée pour huit ou dix personnes en recevait près de quatre-vingts ; ceux qui encombraient le pont étaient obligés de rester nuit et jour dans l'eau jusqu'à la cheville du pied, à moitié nus et transis de froid ; on était tellement entassé dans l'entre-pont, que la flamme d'une bougie s'y éteignait à l'instant.

Heureusement, le vent continua à souffler du sud-ouest et augmenta même de violence ; l'habile capitaine de la *Cambria*, se couvrant de voiles, au risque de rompre les mâts, pressa si noblement la marche de son brick, que, dans l'après-midi du 5 mars, on entendit partir du haut de la hune le cri joyeux de : *Terre à l'avant !* A minuit et demi, on jeta l'ancre dans le port de Falmouth.

Le dimanche suivant, le colonel, à la tête de son régiment, le capitaine avec ses officiers et les passagers se réunirent pour rendre à Dieu des actions de grâces publiques.

# XIII

**NAUFRAGE DE L'AVENTURE SUR LES ILES MARION ET CROZET**

RELATION DU CAPITAINE LESQUIN

Lorsqu'on jette les yeux sur une carte du Grand Océan Austral, on aperçoit, entre les 46ᵉ et 47ᵉ degrés de latitude, et les 44ᵉ et 47ᵉ degrés de longitude, un groupe de petites îles ayant la terre de Kerguelen à l'est et l'île du Prince-Édouard à l'ouest. On l'appelle habituellement *groupe des îles Marion et Crozet*, parce qu'il fut découvert, en 1772, par les deux navigateurs français de ce nom; mais il n'était véritablement point connu lorsque la goëlette *l'Aventure* y fit naufrage en 1825. Le capitaine breton qui la commandait, M. Lesquin, de Roscoff, a laissé une relation intéressante de son séjour dans la plus orientale des quatre îles qui portent le nom de Crozet et Marion.

*L'Aventure* partit de Maurice, le 28 mai 1825, pour ces îles, où M. Black, armateur anglais, voulait faire chasser les éléphants marins. Une fois chargée d'huile, la goëlette devait revenir au point d'armement, en laissant à terre des barriques vides et neuf hommes pour préparer un second chargement.

*L'Aventure* était un tout petit navire (de 55 tonneaux) dont l'équipage, fort de seize hommes, avait été formé, ainsi qu'il arrive dans les colonies, d'un mélange d'Anglais, de Français, d'Espagnols, de Hollandais et de Portugais. Comme le navire était encombré de futailles et que la traversée ne devait être que d'un mois au plus, on avait ménagé peu de place pour les pièces d'eau ; on en avait fait provision seulement pour quarante jours. Mais *l'Aventure* essuya des vents contraires ; la neige, le brouillard, les tempêtes, retardèrent sa marche. Dès le 20 juin, il fallut réduire la ration d'eau à une bouteille par homme ; le 25, on ne distribua plus qu'une demi-bouteille. Le temps ne devenait pas plus favorable. Le 8 juillet, la goëlette mouilla en vue des îles, mais sans qu'il fût possible d'y aborder. « Nous restâmes à bord, dit M. Lesquin, spectateurs de la sombre scène que nous avions sous les yeux. L'île était couverte de neige, le ciel noir et menaçant ; les vents soufflaient avec fureur. Des oiseaux marins, surpris de voir un navire aussi près du rivage, nous entouraient de leurs cris. »

La tempête continua pendant vingt jours. Il avait fallu réduire la ration d'eau à un verre pour vingt-quatre heures. Le 25, tous les tonneaux étaient à sec. Quoique la mer fût toujours aussi grosse, on se décida à envoyer une pirogue vers l'île. Neuf hommes s'y embarquèrent et purent aborder sains et saufs, mais le vent, qui redoubla pendant la nuit, ne leur

Naufrage de *l'Aventure* (juillet 1825).

permit point de revenir. Vers minuit, les câbles qui retenaient le navire à l'ancre se rompirent : le dernier canot fut emporté. Il ne restait à bord que trois hommes valides ; les autres étaient sur les cadres. On manœuvra pour rallier une des îles orientales ; le lendemain au soir, on put en approcher. La soif dévorait l'équipage. Tous se mirent à construire un radeau sur lequel ils espéraient atteindre la terre pour y faire de l'eau : mais, ce radeau terminé, il fut impossible de le conduire vers l'île. Bientôt le vent s'éleva plus violent ; le navire fut brisé contre les récifs, mais assez près du rivage pour que les sept hommes qu'il portait pussent y aborder.

Parmi eux se trouvait, outre le capitaine, M. Lesquin, un jeune Anglais, M. Fotheringham, qui avait été envoyé pour diriger la pêche. Ce fut à la persévérance, au courage et à l'intelligence de ces deux chefs que les naufragés durent leur salut. Non-seulement ils se montrèrent les plus actifs dans toutes les recherches, les plus résolus pendant le danger, mais ils soutinrent leurs compagnons à force d'encouragement et de bons exemples.

M. Lesquin s'était pourvu, au moment où il avait vu le naufrage inévitable, d'une corne renfermant un peu de poudre et deux pierres à fusil. Il s'en servit pour allumer un feu qui fut entretenu avec la graisse d'un éléphant marin que ses compagnons et lui avaient aperçu et tué presque en arrivant.

Lorsqu'ils furent réchauffés, ils s'occupèrent de recueillir les débris de la goëlette, que les flots amenaient au rivage. Ils trouvèrent quelques vergues et le grand mât de hune avec leurs voiles et leurs cordages, plusieurs barriques vides, un sac de biscuit, une scie, une hache, une vrille, un marteau.

Les biscuits avaient été mouillés par la mer ; mais les naufragés les firent tremper dans l'eau douce, et purent ainsi apaiser leur première faim. Ils se firent ensuite un abri avec les voiles, choisirent celui qui devait veiller à l'entretien du feu, et tâchèrent de s'endormir. Par malheur, un tourbillon de vent emporta leur tente vers le milieu de la nuit; il fallut attendre le jour sous la neige. Quand le soleil eut reparu, MM. Lesquin et Fotheringham voulurent examiner le lieu où ils avaient été jetés.

C'était une vallée sans aucune espèce de végétation, entourée de monticules également arides. La neige recouvrait le tout comme un linceul. Cependant, à force d'examiner, ils découvrirent une fente de rocher haute de trois pieds, où cinq ou six hommes pouvaient s'abriter à la rigueur. Les naufragés s'y établirent en attendant de pouvoir construire une cabane avec les planches de la goëlette. Quelques albatros et des tranches d'éléphants marins suffirent à leur nourriture.

Dès le lendemain, on se mit à réunir des pierres pour la construction de la hutte; mais le travail fut souvent interrompu par le mauvais temps; il fallut près de quinze jours pour l'achever. Les planches sauvées du navire servirent à construire le toit, et on le recouvrit de peaux d'éléphants marins.

La mer continuait à transporter des épaves de la goëlette. Les naufragés se procurèrent ainsi successivement un matelas, des couteaux; des lances, quelques outils, une marmite brisée, des fusils : « En parcourant le rivage, nous trouvâmes aussi, dit M. Lesquin, une boîte qui renfermait un instrument de navigation et une légère somme d'argent ; le propriétaire ramassa l'instrument, mais croyant l'argent chose désormais inutile pour lui, il le laissa sur la grève, et personne n'y toucha. »

Quand on eut pris possession de la cabane, MM. Lesquin et Fotheringham se décidèrent à une excursion dans l'île. Le premier avait remarqué au nord-ouest, entre deux montagnes, une gorge qui devait conduire à une autre vallée. Ils prirent cette direction, et, après des fatigues inouïes, ils y arrivèrent.

Les éléphants marins y étaient plus nombreux que dans la *vallée du naufrage*. En continuant leur route, ils entendirent des cris variés dont ils ne reconnurent la cause qu'en arrivant au rivage. « Des milliers d'une espèce de pingouins bien différents de ceux que nous avions trouvés près de notre baie, dit M. Lesquin, étaient rassemblés sur un plateau de pierre au milieu duquel coulait un fort ruisseau, et la place qu'ils occupaient était sans neige, mais répandait au loin une odeur infecte. Les petits, encore couverts de duvet, se tenaient ensemble et tout autour d'eux étaient rangés leurs pères et mères. Un espace large d'environ deux pieds était laissé inoccupé pour donner un libre passage jusqu'au lieu de la ponte des pingouins qui revenaient de la mer pour nourrir leurs petits. L'harmonie la plus parfaite semblait régner parmi eux, et tous leurs efforts paraissaient se borner à chasser cette espèce de pigeons dont j'ai parlé, et qui tâchaient de dérober les aliments réservés aux jeunes pingouins. »

Après avoir trouvé des œufs et tué des albatros, les

deux voyageurs quittèrent la vallée qu'ils venaient de découvrir, et à laquelle ils donnèrent le nom de *vallée de l'Abondance*, pour rejoindre leurs compagnons ; mais la nuit les surprit en chemin, et ils s'égarèrent. Après une marche de trois heures dans la neige qui couvrait la terre, ils furent tellement saisis par le froid, qu'ils laissèrent là leur butin pour aller plus vite. Ils atteignirent un glacier qui leur parut s'étendre doucement jusqu'au pied de la montagne, et sur lequel ils se laissèrent glisser ; mais ils perdirent brusquement prise à un endroit perpendiculaire, et tombèrent de cinquante pieds de haut dans un lit de neige qui amortit heureusement la chute. M. Lesquin en fut quitte pour un doigt démis, et M. Fotheringham pour une douleur de reins qui dura plus d'un an. Il leur fut impossible de se remettre en route avant le retour du soleil.

Leur absence avait duré trois jours, et leurs compagnons les croyaient morts. Ils apprirent en arrivant que les oiseaux avaient dévoré la petite provision de chair d'éléphant marin épargnée jusqu'alors, et qu'on n'avait pu rien prendre depuis leur départ.

La neige et le vent qui continuèrent les jours suivants ne permirent point de réparer ce malheur. Ils sortirent à plusieurs reprises sans rien trouver ; les oiseaux eux-mêmes se cachaient pour échapper à la fureur de l'ouragan. La faim avait abattu tous les courages. La graisse d'éléphant marin qui servait à entretenir le feu étant épuisée, il fallut entamer la précieuse provision de bois qu'on avait jusqu'alors respectée. Les naufragés s'étaient couchés autour du foyer, qu'ils ne voulaient plus quitter. Le temps s'étant un peu radouci, MM. Lesquin et Fotheringham les engagèrent à se rendre avec eux dans la vallée de l'Abondance. A force de sollicitations, ils en persuadèrent quelques-uns, arrivèrent non sans peine à la grève qu'ils avaient déjà visitée, tuèrent des éléphants marins dont ils mangèrent, puis revinrent à la cabane. Les trois compagnons qu'ils y avaient laissés étaient presque privés de sentiment; il fallut les faire manger, et ils furent plusieurs jours avant de reprendre leurs forces.

Ce fut la dernière fois que les naufragés eurent à souffrir de la faim : l'arrivée des éléphants marins en plus grand nombre, et des précautions mieux entendues prévinrent le retour de cette cruelle épreuve.

Ainsi que nous l'avons déjà dit, les îles Crozet sont complétement dépouillées; à peine y aperçoit-on, en été, quelques mousses qui tachent de loin en loin un sol composé de sable et de pierres, et quelques herbes amères dont M. Lesquin et ses compagnons se servirent pour assaisonner leur nourriture, qui se composait de la chair de plusieurs espèces d'amphibies, d'oiseaux et d'œufs recueillis sur les rochers. La peau des éléphants et des loups marins fournissait des vêtements, que l'on cousait au moyen d'aiguilles fabriquées avec les os des albatros.

Les colons involontaires de l'île Crozet s'étaient insensiblement acclimatés ; leurs santés se rétablirent ;

on convint d'un règlement qui diviserait les occupations entre les naufragés.

Malheureusement la concorde était souvent troublée : les différences de nationalité amenaient des insultes et des défis. En revenant d'une excursion dans une vallée qu'ils avaient découverte à l'est, MM. Lesquin et Fotheringham trouvèrent un des matelots presque mort à la suite d'une rixe sanglante. Ils déclarèrent alors à ceux qui l'avaient maltraité qu'ils n'habiteraient pas plus longtemps avec eux, et, ayant construit une cabane, ils y emmenèrent le blessé, et firent désormais bande à part de leurs compagnons, auxquels ils cessèrent même de parler.

Tout allait bien dans la nouvelle hutte. M. Lesquin avait découvert de l'argile et de la tourbe; il réussit à fabriquer des pots de terre qui supportaient le feu. L'abondance récompensait les efforts, et la résignation adoucissait l'isolement. Mais une nuit qu'ils reposaient, après une course fatigante à la vallée de l'Abondance, ils furent réveillés en sursaut par une masse d'eau qui enfonça le toit, renversa deux murs et remplit la maison. C'était un ras de marée qui avait envahi une partie de la vallée.

M. Lesquin et son compagnon n'eurent que le temps de fuir. En quelques instants, la vague emporta tout ce qu'ils avaient eu tant de peine à édifier et à réunir. Ceux dont la demeure était plus éloignée du rivage ne furent point inquiétés par les eaux; mais n'apercevant plus, le lendemain, la hutte du capitaine et du directeur, ils accoururent, et les trouvèrent tous deux occupés à construire une nouvelle cabane. Tant de courage les toucha : ils supplièrent leurs anciens chefs de revenir avec eux, en promettant de se montrer plus respectueux que par le passé; et depuis ce jour, en effet, MM. Fotheringham et Lesquin n'eurent plus à se plaindre de leur conduite.

Cette réunion réveilla l'imagination du capitaine breton. En voyant les milliers d'albatros éclos dans l'île, et qui devenus forts s'envolaient vers la mer, il se rappela que ces oiseaux suivaient d'habitude les navires baleiniers et s'abattaient sur la baleine harponnée dès qu'elle a cessé de vivre : les matelots s'amusent alors à les abattre à coup de fusil ou à les prendre à l'hameçon. Il pensa que ce pouvait être un moyen de faire connaître son sort. En conséquence, il fabriqua cent petit sacs de cuir de loup marin, y plaça cent billets dans lesquels il indiquait la position des naufragés de *l'Aventure* en demandant secours, puis il attacha ces sacs au cou des jeunes albatros surpris dans leur nid.

Cette chance de salut était pourtant trop éloignée, trop incertaine pour qu'il fût possible de s'en contenter. Le capitaine proposa, en conséquence, à ses gens de construire une barque avec laquelle ils pourraient aller à la rencontre de quelque vaisseau ou aborder une terre voisine. Les bois du navire furent employés pour la membrure; on fixa par-dessus des douvelles de barrique avec des fils de caret; les peaux d'éléphant marin recouvrirent le tout, et furent tendues de manière à former un pont. La barque avait seize pieds de quille et six pieds de bau ; elle était mâtée et garnie d'une voile de peau d'éléphant marin. Enfin il restait peu de chose à y faire, lorsque le 21 décembre, vers onze heures, M. Fotheringham, qui était sorti, poussa un grand cri et arriva à la cabane si pâle, que tout le monde crut à un malheur. On l'entoura en l'interrogeant ; mais il ne pouvait parler : il entraîna seulement M. Lesquin au dehors et lui montra la mer... Un navire venait de paraître à l'horizon et cinglait vers l'île.

Fous de joie, les naufragés se hâtèrent d'allumer un grand feu ; il ne fut malheureusement point aperçu, et le navire disparut. Il se montra encore deux fois le lendemain, et s'éloigna de nouveau. M. Lesquin et ses gens le virent ainsi à plusieurs reprises sans pouvoir se faire remarquer. Enfin, le 6 janvier 1827, l'équipage vit les feux, et envoya à terre une embarcation qui recueillit les naufragés.

Ce navire était un baleinier nommé le *Cape-Packet*, qui venait de l'île du Prince-Édouard, avait découvert les Crozet, dont il ne soupçonnait pas l'existence, et s'y était arrêté pour la pêche de l'éléphant marin. Le capitaine Duncan reçut avec de grands témoignages de compassion les naufragés qui, vêtus de peaux de loups marins, noircis par la fumée et défigurés par leurs longues barbes et leurs longs cheveux, ressemblaient à peine à des créatures humaines. Après dix-huit mois d'abandon dans ces îles maudites, ils purent enfin retrouver les joies et les aisances de la civilisation. Lorsque le chargement fut complet (le 3 février), le capitaine Duncan mit le cap sur l'île où avaient abordé les neuf hommes de *l'Aventure* envoyés pour faire de l'eau ; on eut le bonheur de les retrouver tous, et le *Cape-Packet* fit aussitôt route pour le cap de Bonne-Espérance, où M. Lesquin et ses compagnons furent débarqués le 5 mars 1827[1]

[1] *Magasin pittoresque,* tome XIX.

## XIV

### NAUFRAGE DE L'AMPHITRITE

#### RELATION D'UN TÉMOIN DU NAUFRAGE

Le trois-mâts *l'Amphitrite*, commandé par le capitaine Hunter, transportait à Sydney, en Australie, des femmes et des enfants condamnés à la déportation. Il avait quitté Woolwich le 26 août 1833. Dès le 29, il fut assailli par une violente tempête, et le 31, il était jeté sur les côtes de France, en vue du port de Boulogne. Les malheureuses femmes qu'il transportait périrent dans ce naufrage avec la plus grande partie de l'équipage, par suite de la fatale obstination du capitaine, qui s'opposa à leur débarquement, dans la crainte d'une évasion. Un témoin oculaire a donné la relation suivante de cet événement affreux :

« *Trois heures du soir.* — La mer est toujours furieuse, tout annonce une nuit terrible ; les bateaux-pêcheurs sont tous rentrés au port, sauf un, le n° 70,

Naufrage de *l'Amphitrite* (31 août 1833).

que l'on croit perdu. Le bruit se répand que le paquebot de Londres, qui nous a quittés hier dans la nuit, est également perdu. Je ne puis croire à cette nouvelle, qui n'est peut-être que prématurée, car tout est à craindre. Si le paquebot a pu toucher Ramsgate, il est sauvé.

« Je sors à l'instant pour me rendre sur la plage ; on signale un bâtiment en détresse : c'est un trois-mâts ; il ne porte point de pavillon. Avec la longue-vue, il est facile de voir qu'il cherche à gagner le large ; les vents le repoussent sur la côte ; s'il échoue, il est perdu.

« *Quatre heures et demie*. — L'événement prévu est arrivé : le vaisseau vient d'échouer presque en face de l'établissement des bains ; la mer est plus horrible que jamais ; elle se retire. Avec la lorgnette, il est facile de distinguer l'équipage. Des marins se précipitent de tous côtés sur la plage ; on traîne à bras un canot ; on espère au moins sauver les hommes ; quant au navire, il n'y faut plus penser : la mer, en montant, doit le mettre en pièces.

« *Six heures*. — Le canot est à la mer, il ne peut approcher. Un patron de bateau-pêcheur, Hénin (n'oubliez pas ce nom), déclare qu'il va se jeter à la mer ; il se débarrasse de ses vêtements et prend en main une corde ; personne n'ose le suivre : on le voit lutter contre les flots. Ce qui étonne tout le monde, c'est l'immobilité de l'équipage, qui ne fait aucun signal. On s'en demande le motif : les malheureux n'en ont-ils plus la force ? le capitaine espère-t-il sauver le bâtiment?... Je cours moi-même sur la plage.

« *Onze heures du soir.* — Quel horrible spectacle! je ne l'oublierai de ma vie. Trente cadavres sont entassés pêle-mêle dans la remise du bâtiment appartenant à la Société humaine. Tout a péri; trois matelots seuls sont hors de danger. Quelle épouvantable nuit!...

« Vers sept heures du soir, on voit le brave Hénin toucher le vaisseau. On aperçoit un matelot qui lui jette une corde, puis la corde est retirée; Hénin, sur le point de périr lui-même, est obligé de lâcher prise et de regagner la plage. Il veut se jeter de nouveau à la mer, mais il est épuisé... Il faut renoncer à tout espoir de sauver ces infortunés; la nuit tombe, la mer commence à monter, le bruit des vents, le mugissement des vagues, ne permettent point d'entendre les cris de ces malheureux. Comment vous dépeindre l'anxiété de la foule qui couvre la plage découverte par la marée? Un grand nombre d'intrépides marins se sont mis à la mer pour tâcher de recueillir les naufragés. L'obscurité redouble; les vents mugissent avec plus de violence; les vagues se succèdent avec force; on distingue à peine le bâtiment. La mer oblige les plus intrépides à reculer. Bientôt un mât est amené aux pieds des spectateurs, puis des tonneaux, puis des débris, puis des cadavres.

« On court de tous côtés avec des fanaux; on se précipite sur la falaise; à chaque instant, on ramène des femmes et des enfants, des hommes... Tous morts!...

Un marin court vers un rocher; il croit apercevoir quelqu'un dans l'ombre; c'est un malheureux matelot. On le prend, on le porte dans la salle de secours de la Société humaine; deux autres sont recueillis; l'un est trouvé sans connaissance à califourchon sur une planche que la vague a poussée sur le rivage; l'autre est ramené sur le sable, presque insensible. On les transporte à l'hôtel de la Marine, où les soins les plus touchants leur sont prodigués par le maître de l'hôtel, et surtout par une Anglaise, madame Austin, dont le zèle et le courage ont été admirables. Une autre jeune Anglaise, madame Curtis, fille de M. Avet, dont le grand-père a fondé la Société humaine, et qui se trouve logée à l'hôtel, s'empare d'une jeune femme amenée toute nue et déposée sur une table; à force de frictions, on rappelle un peu de chaleur; mais, hélas! plus d'espoir! L'infortunée ouvre les yeux, puis expire; on l'emporte, et madame Curtis court prodiguer ses soins à d'autres. La malheureuse était d'une beauté remarquable.

« Dans cet horrible moment, les marins de la douane et ceux de la Société humaine font preuve d'une activité qu'il est impossible de dépeindre. A mesure que les corps sont apportés, les chirurgiens s'en emparent; on les roule dans des couvertures, on les saigne. Une femme fait un léger mouvement; un sang noir s'échappe de son bras, elle soulève ses paupières, on espère : elle meurt! Au fur et à mesure de cette terrible inspection, on dépose les cadavres dans un coin de la salle.

« Les deux naufragés auxquels madame Austin a prodigué ses soins sont sauvés, ils ont repris leurs sens ; nous apprenons par eux que le bâtiment naufragé est anglais, qu'il se nomme *l'Amphitrite*, que c'est un bâtiment de transport pour les condamnés à la déportation. Il y avait à bord cent huit femmes, douze enfants, seize hommes d'équipage. Les matelots sauvés sont John Rice, John Owen et James Towsey. Owen, qui était maître d'équipage, est un homme superbe, dans la force de l'âge; Rice et Towsey sont deux jeunes gens.

« 1$^{er}$ *septembre, neuf heures du matin.* — J'étais à six heures à la douane. Dans la nuit, on avait recueilli quarante-trois cadavres du sexe féminin. J'ai vu, de mes yeux, ramasser dans le port une jeune femme serrant dans ses bras un enfant de deux ans. Presque tous les corps sont dépouillés de leurs vêtements. La plage est couverte de débris ; la carcasse du bâtiment est, en quelque sorte, pulvérisée ; je ne crois pas l'expression trop forte. Nos malheureux naufragés vont parfaitement bien. Nous avons profité d'un peu de repos pour interroger Owen et Rice, et nous avons reçu les dépositions ci-dessous.

« J'ai reçu également celle du brave Hénin ; ce sont deux documents importants pour l'histoire de cet épouvantable événement.

« Nous avons ouvert une souscription pour les naufragés et pour récompenser les braves marins qui ont exposé leur vie. Quant à Hénin, c'est au gouvernement à récompenser son intrépidité ; ce n'est pas la première fois qu'il s'honore par de pareils traits. »

### DÉPOSITION D'HÉNIN (FRANÇOIS), PATRON DE BATEAU-PÊCHEUR

Hénin déclare que, vers six heures moins un quart, il dit au capitaine du port qu'il voulait se rendre à bord du bâtiment échoué, et que les marins n'avaient qu'à le suivre ; que, quant à lui, il était résolu à s'y rendre seul ; qu'il courut sur la plage avec une corde ; qu'il se dépouilla de ses vêtements et se jeta dans la mer. Il pense avoir nagé pendant près d'une heure, et avoir approché le vaisseau anglais vers sept heures ; il héla alors le bâtiment, et cria en anglais : « Jetez-moi une corde pour vous conduire à terre, ou vous êtes perdus, car la mer monte. » Des hommes de l'équipage l'entendirent ; il était alors du côté tribord du vaisseau, qu'il toucha même ; il vit un matelot, et lui cria de dire au capitaine de jeter des cordes. Les matelots lui jetèrent deux cordes : une de la proue, une autre de la poupe ; il put saisir celle de la proue seulement ; il se dirigea alors vers la plage ; mais la corde qu'il tenait était trop courte et lui manqua. Il revint sur le bâtiment, s'y accrocha, cria à l'équipage de le hisser à bord ; mais alors ses forces l'abandonnèrent. Il se sentit épuisé, et ce ne fut qu'avec peine qu'il put rejoindre la terre.

### DÉPOSITION DE JOHN OWEN, MAITRE D'ÉQUIPAGE DE L'AMPHITRITE

John Owen, né à Crawford, dans le comté de Kent, déclare être maître d'équipage à bord de *l'Amphitrite*, capitaine Hunter, à destination de Sydney.

*L'Amphitrite* quitta Woolwich dimanche, 26 août; la tempête commença dans la nuit du 29, quand le bâtiment était en vue de Dungeness; le 31, il était à trois milles est du port de Boulogne. Le capitaine fit ses efforts pour l'éloigner de la côte, mais en vain. Sur les quatre heures de l'après-midi, le bâtiment fut entraîné par la violence du vent et prit terre. Le capitaine ordonna de jeter l'ancre, dans l'espoir qu'à la marée montante le bâtiment pourrait se remettre à flot. Vers cinq heures, un bateau français vint à leur secours; Owen et Rice, ni aucun des hommes de l'équipage, n'en eurent connaissance. Ils étaient en ce moment à travailler sous le pont à faire leurs paquets, espérant pouvoir débarquer. Owen pense qu'alors il eût été possible de sauver tout le monde. Avant l'arrivée du bateau, il vit un homme qui, du rivage et avec son chapeau, faisait signe de débarquer. Il aperçut ensuite un homme à la nage du côté de la poupe, qui leur cria en anglais de lui jeter une corde, ce que lui, Owen, allait faire, quand il en fut empêché par le capitaine.

Après le départ du bateau, le capitaine demanda Owen, et lui dit de mettre à la mer le grand canot.

Mais il changea ensuite d'avis et déclara qu'aucun canot n'irait à terre. Au même instant, les condamnés qui étaient sur le pont demandèrent à grand cris le canot; trois femmes dirent à Owen qu'elles avaient entendu le chirurgien dire au capitaine de ne point accepter l'assistance du bateau français.

Sur les sept heures, la mer commença à monter, et l'équipage, voyant qu'il n'y avait plus d'espérance de salut, monta sur les vergues, les femmes restant sur le pont. Cette situation dura plus d'une heure et demie. Tout à coup le vaisseau se sépara en deux, et toutes les femmes furent enlevées par les flots. Owen, le capitaine, quatre matelots et une femme étaient sur les vergues. Owen estime qu'il resta dans cette position près de trois quarts d'heure. S'apercevant que les mâts, les vergues, les voiles étaient sur le point de céder à la violence du vent et de la mer, il dit à ses camarades qu'il était inutile de rester plus longtemps, qu'ils allaient périr, et qu'il fallait tâcher de nager jusqu'à terre. Il s'élança alors dans la mer, et pense avoir nagé près d'une heure avant d'atteindre le rivage, où il fut recueilli par un Français, et conduit sans connaissance à l'hôtel de la Marine. Owen ajoute qu'il était parfaitement instruit du danger que courait le navire dès l'instant de l'échouement, mais que ni lui ni ses camarades n'avaient voulu paraître effrayés.

#### DÉPOSITION DE JEAN RICE

Il déclare être né à Londres : il confirme la déposition d'Owen, et ajoute qu'il fit remarquer au capitaine la personne qui, du rivage, lui faisait signe de débarquer; le capitaine lui tourna le dos.

En réponse à une question à ce sujet, il déclare que le capitaine n'était pas ivre et qu'il était copropriétaire du bâtiment. Owen et Rice disent que toutes les femmes étaient enfermées, mais que, lors du danger, elles forcèrent les portes et se précipitèrent sur le pont. Il y avait déjà six pieds d'eau à fond de cale.

# XV

## NAUFRAGE DE LA CORVETTE LA MARNE

### RAPPORT DU COMMANDANT GATIER

Stora, le 26 janvier 1841.

Monsieur le ministre,

J'ai à remplir le pénible devoir de faire connaître à Votre Excellence le naufrage de la corvette de charge *la Marne*, dont le commandement m'a été confié.

Arrivé le 15 janvier à Stora (Algérie), où nous avions à débarquer un matériel d'artillerie considérable, le bâtiment fut amarré, par le maître du port, au mouillage le plus convenable, entre deux rangs de navires du commerce qui occupent d'ordinaire la position la plus abritée.

Deux ancres de bossoir, l'une avec 100 brasses de chaîne, l'autre avec 80 brasses, par 11 et 10 brasses de fond, furent mouillées en barbe. L'ancre de veille de tribord, empennelée d'une ancre à jet, fut mouillée par bâbord-arrière pour servir d'ancre d'évitage; elle avait une biture de 80 brasses. Deux grelins bout-à-bout, fixés sur les roches qui bordent la plage, nous tenaient par tribord. Telle était la disposition de notre amarrage à quatre. Dès qu'il fut terminé, on dépassa les mâts de perroquets et le déchargement commença.

Le 21, dans la journée, la mer devint houleuse, le temps de mauvaise apparence; le baromètre marquait 27$^p$, 6$^l$; le vent soufflait par rafales violentes du N. E. au N. N. E., au N. et au N. O. La mer continuant à grossir, j'ordonnai de mouiller, par précaution, l'ancre de veille de bâbord, de filer les chaînes pour les faire travailler et de donner en même temps du mou dans nos amarres que le ressac de terre fatiguait.

Dans cette soirée du 21, plusieurs navires de commerce demandèrent des secours; nos ancres à jet et des grelins leur furent envoyés; quelques équipages, abandonnant leurs bâtiments, vinrent chercher un refuge à bord de *la Marne;* nous calâmes les mâts de hune; les basses vergues furent amenées sur les porte-lofs. Nous tînmes parfaitement, malgré la grosseur prodigieuse de la houle, qui déjà avait jeté deux navires à la côte.

Le 22, à dix heures du soir, la chaîne de bâbord se brisa, le câble et la seconde chaîne nous maintinrent.

Le 23 et le 24, le temps parut s'améliorer; la mer s'amortit, et nous pûmes draguer la chaîne cassée, en rembraquant les grappins sur un brick mouillé devant nous. Cette recherche, d'abord infructueusement tentée, réussit dans la nuit du 24; le 25 au matin, nous pûmes remailler la chaîne et la faire travailler avec les autres.

Cette opération était terminée depuis quelques heures, lorsque le temps devint affreux. Le golfe de Stora n'était plus qu'un vaste brisant d'où surgissaient des lames monstrueuses qui venaient déferler sur le mouillage. Je fis condamner les panneaux du pont et de la batterie; nos canots de portemanteaux et quelques hommes furent enlevés par la mer, dans laquelle la corvette plongeait jusqu'au mât de misaine, vingt bâtiments se brisaient à la côte; trois autres, mouillés près de nous, venaient de sombrer sur leurs ancres. La chaîne de bâbord se rompit; nous commençâmes à chasser, quoique avec lenteur.

Par mesure de précaution, en voyant ce temps extraordinaire, j'avais fait prendre le bout du câble d'évitage par l'avant; je fis couper les bosses qui le maintenaient sur l'arrière, espérant rappeler dessus, et, en bordant l'artimon pour profiter des rafales, maintenir le bâtiment entre les lames du large et le ressac qui venait de terre, et éviter les brisants dont nous n'étions plus qu'à une faible distance. Cette espérance fut vaine; rien ne pouvait résister à la mer qui nous maîtrisait : à deux heures trente minutes, nous talonnâmes; notre position était désespérée.

Je réunis les officiers, le maître de port, le maître d'équipage et quelques capitaines au long cours réfugiés à bord pour avoir leur opinion. Leur avis unanime, qui était aussi le mien, fut de filer toutes les amarres pour éviter de toucher sur les rochers de la Pointe-Noire et de chercher à faire côte dans l'anse, de plus facile accès, qui se trouve au sud des brisants sur lesquels nous venions de voir broyer et disparaître, en moins de deux minutes, un navire de commerce. Nous fûmes assez heureux pour réussir ; et le bâtiment, après d'affreuses secousses, vint se crever sur un banc de sable dur et mêlé de roches, à environ 40 brasses de la côte, où M. le commandant de la marine à Stora dirigeait les secours que toutes les armes de la garnison de Philippeville et la population civile s'empressaient de nous porter. C'est à ce dévouement admirable, qui fut fatal à plusieurs de ces hommes généreux, que nous devons d'avoir sauvé une partie de l'équipage.

Au moyen de pièces de mâture et de panneaux filés à la côte, on parvint à établir un va-et-vient. Le sauvetage commença un à un, sans confusion, avec cet héroïque sang-froid que, dans tout ce désastre, n'a cessé de montrer l'équipage de *la Marne*. Nous trouvant plus rapprochés de terre, je fis abattre le mât d'artimon, espérant en faire un pont qui présenterait quelque moyen de salut. Au moment de sa chute, un affreux coup de mer fit dévier sa direction ; il tomba le long du bord et la corvette se divisa en trois parties. Le va-et-vient ne pouvait plus être utile qu'à ceux qui se trouvaient près du couronnnement. Le grand mât venait de s'abattre ; j'ordonnai à ce qui restait

Naufrage de *la Marne* (janvier 1841).

d'hommes à portée de passer dessus. Je m'y réfugiai ensuite avec l'enseigne de vaisseau de Nougarède. Quelques instants après, une lame monstrueuse s'abattit sur les débris de *la Marne*; tout fut englouti. Au retrait de cette effroyable masse d'eau, qui avait poussé le grand mât plus près de terre, ceux qui étaient dessus purent se sauver. J'y restai seul avec le maître charpentier, homme de courage et d'intelligence. A une nouvelle embellie, je le fis partir et je me lançai sur la grève le dernier, conformément à l'article 289 de l'ordonnance de 1827. Là, mes forces défaillirent; j'ai appris depuis qu'un marin nommé Zévaco et M. Dessouliers, colon de Philippeville, avaient généreusement exposé leur vie pour me traîner à terre au moment où la mer allait m'atteindre et me remporter au large.

J'ai, monsieur le ministre, à vous signaler des pertes douloureuses et d'héroïques dévouements. Nous avons perdu cinquante-deux hommes, au nombre desquels le chirurgien-major, le commis d'administration, l'enseigne de vaisseau Karche et mon second, le lieutenant de vaisseau Dagorn, officier d'un rare mérite, dont la perte se fera longtemps sentir à mon cœur.

En regard de ce pénible tableau, je mettrai sous les yeux de Votre Excellence la belle conduite de l'équipage de *la Marne* : pas un cri, pas une plainte, pas une marque de faiblesse; mes ordres, jusqu'au dernier instant, ont été exécutés comme dans les circonstances ordinaires, et de grandes preuves d'affection m'ont été données. Blessé à la jambe, c'est par les soins de mes matelots que j'ai pu gagner le grand mât, et il m'a fallu employer toute mon autorité pour les forcer à le quitter avant moi.

L'enseigne de vaisseau de Nougarède, seul officier échappé à cette catastrophe, est resté constamment près de son capitaine, a fait exécuter mes ordres avec un admirable sang-froid et contribué à diminuer le nombre des victimes. C'est un officier digne de toute votre bienveillance.

Monsieur l'amiral, en vous traçant l'historique du naufrage de *la Marne*, j'ose espérer que vous jugerez que chacun a fait son devoir, et que j'ai tenté tout ce qui était humainement possible pour sauver d'abord le bâtiment, ensuite l'équipage. Nous avons subi les conséquences d'un temps extraordinaire ; nous avons lutté avec énergie, mais la lutte était trop inégale. Vingt-quatre bâtiments brisés sur la côte de Stora et trois sombrés sous leurs ancres vous feront assez connaître le temps que nous avons éprouvé, et que je ne puis comparer à rien de ce que j'ai vu depuis que je suis dans la marine. Il est une chose qui paraîtrait incroyable, si elle ne s'était passée sous les yeux de plus de deux mille spectateurs : après l'évacuation des débris encore debout de *la Marne,* un brick chaviré, poussé par une de ces étonnantes masses d'eau qui nous avaient assaillis, les a franchis sans s'y arrêter et est venu planter son beaupré dans les falaises.

Il me reste, monsieur l'amiral, à vous faire connaître le dévouement avec lequel nous avons été secourus par les troupes et les habitants [de Philippeville. Au coup de canon que nous avons tiré en hissant le pavillon en berne, M. le colonel d'Alphonse, commandant supérieur, s'est porté sur la côte à la tête de la garnison qu'il a mise à la disposition de M. le commandant de la marine. Un service d'ambulance où nos malheureux naufragés, trempés de froid, trouvaient de prompts secours, a été organisé rapidement; des prolonges, des brancards munis de couvertures, servaient à leur transport; ce service était dirigé avec une intelligence et une activité rares par M. le sous-intendant militaire de Pontbriant.

Qu'il me soit permis d'acquitter ici une faible partie de la dette de vive reconnaissance que nous avons contractée envers M. le capitaine de corvette de Marqué, commandant du port de Stora. Nous devons à la bonne direction qu'il a donnée au sauvetage et à son dévouement particulier, qui deux fois a failli lui être funeste, la conservation de plusieurs de nos compagnons d'infortune.

Nos marins ont été casernés dans une des salles de l'hôpital; de vieux effets de troupes leur ont été distribués; à l'exception de quelques blessés, tous sont parfaitement remis.

Dès que le temps le permettra, nous commencerons le sauvetage de ce qui reste encore de *la Marne*; cette opération terminée, je m'occuperai de revenir en France pour y rendre compte de ma conduite.

Daignez agréer, etc.

Le capitaine de corvette : Gatier.

# XVI.

## NAUFRAGE DU COLIBRI

RAPPORT DE M. ANQUEZ, VOLONTAIRE, AU COMMANDANT DE LA STATION NAVALE DE BOURBON

A bord du *Berceau,* 23 avril 1843.

Monsieur le commandant,

Je profite du premier moment de repos que me laisse la fièvre pour remplir le pénible devoir de vous faire un rapport aussi circonstancié que possible sur les événements qui ont précédé, occasionné et suivi le terrible sinistre du brick *le Colibri*, à bord'duquel j'étais embarqué comme volontaire de la marine.

Le 25 février, à cinq heures et demie, étant mouillé sur la rade de Mourounsanga, la corvette *le Berceau* fit le signal d'appareiller : les trois bâtiments *le Berceau*, *le Voltigeur* et *le Colibri* mirent sous voile avec beau temps, petite brise de nord-ouest variable, tenant le plus près pour doubler les îles Radama. A six heures, la corvette fit le signal de forcer de voiles en s'élevant au vent, sans perdre l'amiral de vue. La brise fraîchissait et la mer devenait grosse. A une heure et demie, le commandant fit le signal de ralliement appuyé d'un coup de canon : nous nous aperçûmes alors que *le Berceau* venait de mouiller et nous laissâmes porter immédiatement pour le rejoindre[1].

La brise ayant beaucoup fraîchi, le capitaine fit prendre deux ris aux huniers et le ris de la grand'voile. A deux heures quarante-cinq minutes, on nous fit le signal de passer à poupe de la corvette, et le capitaine reçut l'ordre de sonder en gouvernant au sud-ouest du compas ; nous exécutâmes l'ordre reçu, et, le fond augmentant graduellement de 6 à 25 brasses, nous en donnâmes connaissance au *Berceau*, qui mit sous voiles, et nous continuâmes à tenir le plus près pour nous élever au vent; la mer était grosse, le temps avait mauvaise apparence, la mer était très-forte et la pluie tombait par torrents. Les derniers signaux dont j'eus connaissance furent l'ordre de ralliement à Mayotte en cas de séparation, et, la dernière fois que je vis *le Berceau*, ce fut au moment où les trois bâtiments virèrent de bord lof pour lof près de l'île la plus nord des Radamas que nous cherchions

---

[1] La corvette, qui louvoyait la sonde à la main, venait de se trouver inopinément au milieu de pâtés de coraux par quatre brasses d'eau. Elle avait mouillé pour envoyer ses canots sonder cet écueil, que n'indique aucune carte, et s'assurer que le bâtiment pourrait le franchir.

à doubler. Je gardai le quart jusqu'à huit heures ; le mauvais temps augmentait et la mer était très-grosse. A huit heures, je rendis le quart à M. Maureau, et je fus me coucher. J'entendis, mais indistinctement, virer de bord plusieurs fois, car, étant fatigué des travaux de la journée, je dormis assez profondément.

A quatre heures du matin, je relevai M. Burger (le lieutenant), qui me dit que *le Voltigeur* avait doublé l'île et que nous ne devions pas tarder à la doubler aussi.

Le capitaine, M. Orcel, venait de descendre dans sa chambre après avoir passé la nuit sur le pont. Je fis jeter le loch, nous filions deux nœuds et demi, et je descendis chez le capitaine pour prendre ses ordres ; il me dit de virer de bord, de passer ensuite devant pour m'assurer si nous doublions l'île et de venir lui en rendre compte. Je remontai sur le pont et pris les amures à bâbord ; je fus devant, mais le temps était tellement noir que je ne pus voir l'île. J'envoyai un gabier en vigie avec l'ordre de me prévenir aussitôt qu'il en aurait connaissance, et j'allai rendre compte au capitaine de ce qui se passait. Il me dit que c'était bien, me recommanda de le prévenir s'il arrivait quelque chose de nouveau et d'exercer une extrême surveillance pour la terre.

Je remontai sur le pont : la brigantine battait avec force et menaçait de se déchirer. J'envoyai le chef de la grande hune avec un Malgache pour la ferler. Nous courions tribord amures, sous les deux huniers deux ris dedans, les basses voiles (car on avait largué le ris de la grand'voile, du quart du lieutenant) et le petit foc. Le navire avait beaucoup de dérive, et nous fatiguions fort par la violence des coups de tangage.

Le temps était très-noir, et, comme il tombait parfois quelques gouttes d'eau et que cela pouvait avertir de l'arrivée d'un grain, je disposai quatre hommes à la cargue-point de la grand'voile sous le vent, et un homme à l'écoute. La bordée de quart était très-faible : elle se composait de quinze hommes, mais il y avait deux exempts de service (le coq et un malade), deux à la barre, deux à la brigantine et un en vigie, plus un Malgache en faction au fanal ; il me restait donc sept hommes dont trois blancs.

Les précautions relativement à la grand'voile étaient prises depuis quelque temps, lorsque je sentis quelques gouttes d'eau tomber et la brise fraîchir. J'ordonnai de carguer le point sous le vent : cette besogne se faisait lentement et je poussais les hommes. Pendant que nous y étions occupés, le grain tomba à bord si rapidement et avec tant de force que, quoique je fisse mettre la barre au vent et amener le grand hunier en faisant le commandement pour le petit, l'inclinaison devint dangereuse, et l'eau, passant par-dessus les bastingages, entra par les sabords. Ne voyant pas le navire arriver, je demandai au timonier si la barre était au vent ; il me dit que oui et que le navire n'obéissait pas. Je sautai au grand panneau et j'appelai tout le monde sur le pont pour me débarrasser du grand hunier et de la grand'voile ; mais, en jetant un regard autour de moi, je m'aperçus qu'il était trop tard, et j'ordonnai de larguer les écoutes des huniers. Malheureusement cet ordre ne fut pas exécuté et l'eau commença à gagner les panneaux.

Le timonier appela le capitaine et n'eut pas de réponse. Voyant le navire chaviré, je me dirigeai vers l'arrière et j'aidai M. Maureau et M. Burger à monter sur le flanc du bâtiment. J'appelai le capitaine et n'eus pas de réponse. Le patron de la yole s'occupait à en couper les garants, lorsqu'il la sentit s'affaisser sous lui et disparaître. A peine étions-nous arrivés, Burger, Maureau et moi, sur le flanc du navire, qu'il s'engloutit et tout disparut!...

Comme je savais nager, je me tins sur l'eau, appelant le capitaine. J'étais désespéré de n'avoir pas de réponse. Je me disposais à m'éloigner, lorsque tout à coup quelqu'un me saisit par les deux pieds et nous coulâmes tous deux. Je faisais des efforts pour revenir sur l'eau ; vain espoir ; le malheureux, que je reconnus pour un Malgache, m'étreignait de toutes ses forces et m'entraînait avec lui. Je remontai trois fois sur l'eau et trois fois nous coulâmes. Enfin, après bien des efforts, je parvins à me dégager et à revenir sur l'eau. Je commençai à me débarrasser de mes effets, et je me dirigeai vers un point noir qui n'était pas loin de moi. C'était une barrique vide ; je la saisis avec empressement et repris un peu de force. Le jour commençait à se faire et j'eus connaissance de M. Maureau. Je lui demandai de suite s'il avait quelque chose pour se tenir sur l'eau ; il me dit qu'il avait la moitié d'une vergue de perroquet qui s'était détachée de la drome. Nous fîmes route ensemble.

Peu de temps après, un troisième, Lavaquaire, se joignit à nous, ayant un chantier de chaloupe, et au

Naufrage du *Colibri* (1843).

jour nous eûmes le bonheur de sauver un de nos compagnons, Cuviller, qui était près de nous et se noyait. Nous ramassâmes aussi un des mâts du canot major. Après avoir lié notre drome avec les débris de la chemise de M. Maureau, nous fîmes route tous quatre vers la grande terre dont nous étions éloignés de quatre lieues environ, et où la mer, les vents et les courants nous portaient. Plus tard, nous aperçûmes sept de nos compagnons qui se tenaient accrochés sur une barrique vide ; mais comme ils ne faisaient aucun mouvement et que nous nagions pour aller à terre, nous les perdîmes de vue en peu de temps.

Les grains étaient moins fréquents, mais très-forts, et la pluie, qui était excessivement froide et tombait par torrents, nous faisait grelotter. Nous eûmes connaissance d'une plage de sable qui était devant nous et de laquelle nous paraissions approcher assez rapidement. Nos forces diminuaient insensiblement et nous étions très-fatigués. A quatre heures du soir, après nous être reposés un moment, nous trouvant près des récifs, nous nous décidâmes à nous séparer en prenant chacun un des morceaux qui composaient la drome. Je pris le mât du canot major et je me dirigeai vers la terre. Je manque d'expressions pour décrire toutes les souffrances éprouvées dans ce trajet. Entièrement couvert par chaque lame qui venait se briser avec force sur ma tête en me faisant perdre mon mât, que je regardais comme ma seule planche de salut, je nageais avec force pour le rattraper. A peine l'avais-je saisi que je restai à sec sur les coraux, qui me déchiraient la poitrine et les bras. Haletant et presque sans force, j'essayai plusieurs fois de me lever ; la douleur occasionnée par le corail qui m'entrait dans les pieds m'empêchait de me tenir debout et me forçait d'attendre une autre lame qui me traînait sur le fond et me faisait éprouver des douleurs atroces. Enfin, après deux heures de souffrances inexprimables, je parvins à gagner la côte. Tout saignant et à demi mort, je fis deux ou trois pas et je tombai, ne pouvant aller plus loin.

J'étais dans cette position, lorsque je sentis l'eau me gagner; la mer montait et voulait ressaisir sa proie. L'état de faiblesse où j'étais ne me laissait qu'un faible espoir, et la nuit venait. Je tentai un dernier effort, et, en rampant sur les mains et sur les genoux, je parvins à monter assez haut pour que la mer ne pût m'atteindre. Je restai dans cette position assez longtemps, et ce n'est qu'en voyant un de nos matelots, Lavaquaire, sortir de l'herbe près de moi, que je réussis à me lever. Je pris un bâton, et nous allâmes ensemble jusqu'à une petite aiguade qui était à cinquante pas. Après nous y être baignés, nous passâmes la nuit sous un arbre, grelottant de froid, car la pluie tombait toujours.

Le lendemain matin, nous sentant un peu de force, nous fîmes route pour Marounsanga, à une lieue de l'endroit où nous avions atterri. Nous rencontrâmes un de nos compagnons, Cuviller, qui était avec nous sur la drome et avait eu le bonheur de se sauver. Vous exprimer la joie que j'en ressentis m'est impossible : je lui mis quelques feuilles d'arbre sur la tête, et tous trois nous continuâmes notre route. Un soldat hôva, qui nous vit si malheureux, eut la bonté de nous conduire chez M. Renous, Portugais, résidant depuis longtemps chez les Hôvas. Nous y fûmes très-bien reçus; il y avait déjà chez lui quatre de nos matelots arrivés la veille au soir. Le dernier de nous qui laissa M. Maureau, après nous être séparés de la drome, fut

Cuviller, auquel il dit de ne pas l'attendre davantage pour se rendre à terre et qu'il était très-fatigué ; ce furent ses dernières paroles. Le 28 au matin, on vint nous dire, chez M. Renous, que le corps d'un homme blanc était sur le sable. Après avoir pris un drap et de quoi faire une fosse, nous fûmes tous sept pour reconnaître qui c'était et lui rendre les derniers devoirs. Nous reconnûmes M. Maureau, qui n'était pas défiguré et ne paraissait pas avoir été noyé; car il se trouvait éloigné de l'endroit le plus haut où la mer pouvait atteindre. Il était baigné dans son sang, qui lui sortait par le nez, la bouche et les oreilles, et il n'avait ni coupure, ni contusion apparente sur le corps. Il est à supposer que c'est dans le trajet des brisants à terre, où nous avons tant souffert, que M. Maureau a reçu quelque coup, probablement par le choc trop violent des lames qui venaient se briser sur nous et que nous ne pouvions éviter. Une d'entre elles, sans doute, l'aura jeté sur le fond avec tant de force qu'il se sera évanoui et n'aura pu gagner la terre que tard dans la nuit, et là il sera mort faute de secours. Ce qui me le fait supposer, c'est le rapport de deux soldats hôvas qui, étant en faction à peu près à cent pas de l'endroit où nous avons trouvé le corps, disaient avoir entendu des cris pendant la nuit. M. Maureau fut enseveli ; une croix faite par Thibaut, et sur laquelle j'ai gravé son nom, lui sert de pierre tumulaire.

Le nommé Marc, quittant le navire après sa disparition, eut le hasard de rencontrer Thibaut et deux autres, auxquels il se joignit. Ils avaient une planche pour se soutenir, et ils firent route immédiatement pour la grande terre, où ils accostèrent vers les quatre heures, sans avoir de blessures graves, mais très-faibles. Ils firent route pour Mourounsanga, où ils arrivèrent à six heures du soir ; ils furent parfaitement reçus chez M. Renous, où nous les trouvâmes le lenmain au soir.

Je ne puis pas terminer ce rapport, monsieur le commandant, sans vous mentionner la réception qui nous a été faite à Mourounsanga. M. Renous nous a accueillis et traités d'une manière qui mérite toute notre reconnaissance. Très-pauvre et très-malheureux lui-même, il nous a nourris, hébergés, nous a prêté des effets et fourni le drap qui a servi à ensevelir M. Maureau.

Le chef de la douane, jeune Hôva, s'est montré également bienveillant : il m'a donné à moi personnellement un vêtement complet et a fait tous ses efforts pour nous être utiles. C'est à lui que nous devons la pirogue qui a porté à Nossi-Bé la nouvelle de notre désastre.

Enfin, le gouverneur hôva, sans avoir montré beaucoup d'intérêt pour nous, nous a cependant fait donner un peu de riz et un bœuf.

Je suis, etc.

AUGUSTE ANQUEZ.

# XVII

**NAUFRAGE DE LA DORIS**

Le dimanche 19 septembre 1845, à sept heures et demie du soir, un événement affreux et sans exemple a ému vivement la population de Brest, et plongé un grand nombre de familles dans le désespoir.

La goëlette de l'État *la Doris*, après une longue et laborieuse station dans les mers des Antilles, ralliait le port de Brest pour y être réparée, sous le commandement d'un jeune officier de marine très-distingué, M. Jules Lemoine, lieutenant de vaisseau.

La traversée avait été pénible, mais la vue de cette terre de France, si ardemment souhaitée, avait bientôt rappelé la confiance et la joie dans le cœur de l'équipage, épuisé par une longue navigation et par les périls auxquels il avait échappé à la hauteur des Açores, où, durant plusieurs jours, il avait été assailli par de violentes tempêtes. Tout cela n'était plus qu'un songe : quelques minutes encore et *la Doris* mouillait sur rade ! En effet, la goëlette avait déjà franchi toutes les passes du Goulet ; elle courait grand largue, refoulant avec peine, sous toutes voiles, un très-fort jusant; sa voile de fortune venait d'être carguée : on se disposait à laisser tomber l'ancre, quand tout à coup survint une irrésistible bourrasque d'ouest-sud-ouest, accompagné d'un grain violent. Pris en travers par la rafale, le navire céda à la force du vent, et, se couchant sur bâbord, ouvrit un large passage aux lames par les panneaux : quelques secondes après, on ne pouvait apercevoir de *la Doris* que l'extrémité de ses mâts : elle avait sombré par l'arrière.

M. Bénet, enseigne de vaisseau, officier de service à bord du stationnaire, ayant vu s'éteindre subitement les feux de conserve de la goëlette, dont il suivait tous les mouvements, et pressentant quelque malheur, fit tirer le canon d'alarme, mettre toutes les embarcations du *Robuste* à la mer, et se dirigea lui même en toute hâte dans le canot major, vers le point qu'occupait *la Doris*, et d'où partaient des cris de détresse qui parvinrent bientôt à ses oreilles. Là en effet, se passait une scène impossible à décrire. On voyait cramponnés convulsivement à la mâture du navire, à des pièces de bois flottantes, ou nageant en tous sens, une masse d'hommes qui luttaient avec le courage du désespoir contre les vagues qui menaçaient de les engloutir.

Sur soixante-sept personnes qui se trouvaient à bord de *la Doris*, M. Bénet, dont le courageux dévouement et les mesures promptes et intelligentes sont justement appréciés, a eu le bonheur d'en sauver trente-deux d'une mort certaine... Le reste, moins quatre hommes, qui, après des efforts inouïs, ont réussi à atteindre le rivage, a dû périr soit à bord, soit en essayant de gagner la terre à la nage.

Au nombre des victimes de cet affreux événement, on cite le jeune commandant, M. Jules Lemoine, et M. Papin, chirurgien-major, qui, tous deux, ont succombé en secourant leurs compagnons d'infortune. M. Lemoine avait déjà arraché aux flots trois marins, et M. Papin quatre. Le troisième officier, dont la perte n'est que trop certaine, est M. Giraud, enseigne auxiliaire.

*La Doris* était partie de Fort-Royal le 28 juillet, de la Basse-Terre le 30 du même mois, et de Saint-Thomas le 3 août; elle était montée par cinquante-huit hommes d'équipage, et ramenait en France neuf passagers.

Nous voudrions, en terminant cette triste narration, citer tous les actes de dévouement qui ont été accomplis dans cette nuit terrible; nous désirerions connaître les deux braves ouvriers qui se sont spontanément jetés à la mer, et qui, pendant deux heures, se sont exposés aux plus grands dangers pour secourir les naufragés; nous les signalerons à l'estime et à la reconnaissance publiques, comme nous sommes heureux d'appeler l'attention sur la conduite admirable de dévouement et d'abnégation tenue par l'équipage du stationnaire.

Naufrage de *la Doris* (19 septembre 1845).

A onze heures du soir, une embarcation de la corvette de guerre *l'Allier* mise à la recherche des naufragés de la goëlette, s'étant avancée jusqu'à l'entrée du Goulet, a eu le bonheur de sauver quatre hommes qui, depuis plusieurs heures, étaient sur la coque de leur canot, chaviré pendant une forte rafale. Sans le funeste événement de *la Doris*, il est probable que ces quatre malheureux pêcheurs seraient sortis de la rade sans avoir été secourus, et auraient trouvé, dans les rapides courants du Goulet, une mort inévitable.

L'événement est affreux pour la famille Lemoine. Le père, ancien capitaine de vaisseau, attendait son fils et pouvait voir le naufrage, étant sur la promenade publique qui domine la rade. L'officier commandant qui vient de périr au port, après quatre ans d'absence, est, à tous égards, digne de regrets ; il laisse une jeune femme et un enfant[1].

---

[1] *Annales maritimes et coloniales.*

# XVIII

**NAUFRAGE DU PAPIN**

Parti de Cadix le 5 décembre 1845, à deux heures de l'après-midi, la corvette à vapeur *le Papin*, destinée pour le Sénégal, avait fait route jusqu'au moment de son échouage au sud-ouest-quart-ouest. La mer avait été belle pendant les journées des 5 et 6, et ce n'est que dans la nuit suivante que le vent, passant à l'ouest, fut d'une force et d'une violence extrêmes. Le samedi 6, onze heures et demie du soir, le navire fit côte au nord de Mazagan, sur une côte de sable, à deux ou trois encâblures au plus de terre.

Le commandement de machine en arrière ne put être exécuté, les aubes étant déjà ensablées ; cependant le navire résista pendant trois heures aux violentes secousses que lui imprimait une mer excessivement grosse.

A quatre heures du matin, le 7, le navire était plein d'eau, son pont balayé par la mer.

A cinq heures, la cheminée tombait et écrasait plusieurs personnes dans sa chute.

A cinq heures et demie, M. Marcy-Monge, consul de France à Mogador, qui se trouvait à l'extrémité arrière du navire, fut lancé par une lame dans la cale et y périt. M. Dieul, lieutenant de vaisseau second, éprouvait, quelques instants après, le même sort.

Plusieurs personnes s'élancèrent dans la mer pour saisir les débris des embarcations dont le navire était entouré, ou tenter de se sauver à la nage. La plupart périrent. Ce ne fut qu'après des efforts désespérés que quelques-unes parvinrent à Azimour, village situé à trois milles au nord du lieu où *le Papin* avait fait côte. Celles-ci trouvèrent sur la plage des Marocains qui vinrent avec empressement à leur aide. L'un d'eux donna son burnous à M. Du Bourdieu, commissaire ordonnateur à Gorée, passager sur *le Papin*, et, des chameaux chargés de broussailles étant arrivés là, les Arabes allumèrent, avec des marques de sympathie, un grand feu pour réchauffer les naufragés.

A onze heures du matin, les personnes qui avaient réussi à se sauver à terre n'étaient qu'au nombre de trente. Le grand mât du navire, qui jusque-là avait résisté, bien que *le Papin* fût coupé en deux, à l'arrière des tambours, s'abattit en écrasant dans sa chute une trentaine de personnes.

Inspirés par un généreux dévouement, les sieurs Douemard, second maître canonnier; Mirabeau, second maître de manœuvre; Desforges et Natalani, matelots, et Royot, voltigeur au 3º régiment de marine, tous déjà parvenus à terre, armèrent la baleinière jetée à la côte, pour tenter de sauver les personnes encore vivantes sur le navire. Ils franchirent avec cette embarcation les deux premiers brisants; mais, au troisième, ils furent chavirés et jetés à la côte, où ils revinrent heureusement.

Naufrage du *Papin* (7 décembre 1845).

Cependant M. Redman, agent consulaire d'Angleterre à Mazagan et le nôtre, parti le matin même pour Rabat, avait appris qu'un navire français s'était jeté à la côte. Il rebroussa aussitôt chemin et arriva sur le lieu du sinistre.

Après avoir pourvu, avec la plus active sollicitude,

aux premiers besoins des naufragés réunis à terre, M. Redman usa de son influence pour engager les Arabes à se rendre à bord et à amener les malheureux qui s'y trouvaient. Les Arabes ont montré, dans cette déplorable circonstance, autant de courage que d'humanité. En moins de deux heures, ils ont ramené quarante-quatre personnes à terre, les portant sur leurs épaules, et nageant par une tempête encore affreuse.

Après s'être assuré, par trois envoyés différents, qu'il n'y avait plus une seule personne vivante à bord du *Papin*, et après avoir fait donner la sépulture à huit corps arrivés à terre, M. Redman conduisit tous les naufragés à Mazagan, où les soins les plus empressés, les plus attentifs, leur furent prodigués, tant par lui que par ses trois frères.

Les lettres reçues aujourd'hui de Mazagan ne tarissent pas sur les éloges que mérite l'admirable conduite de M. Redman. Quarante-quatre personnes restées sur le navire lui doivent certainement la vie, et celles même qui étaient parvenues à terre lui ont dû également leur salut dans l'état de souffrance et de dénûment où il les a trouvées.

M. Marcy-Monge, consul à Mogador, M. Fleuriot de Langle, commandant du navire, tout l'état-major, à l'exception de M. de Saint-Pierre, volontaire, ont péri avec à peu près la moitié de l'équipage [1].

---

[1] *Annales maritimes et coloniales.*

# XIX

**NAUFRAGE DU VAISSEAU LE HENRI IV ET DE LA CORVETTE VAPEUR LE PLUTON, A EUPATORIA**

RAPPORT DU COMMANDANT JEHENNE

Dans la nuit du 13 au 14 novembre 1854, les signes précurseurs d'une tempête vinrent éveiller les justes appréhensions des amiraux commandant les escadres alliées devant Sébastopol. Dès le 14 au matin, une effroyable tourmente du sud-ouest vint assaillir ces escadres, et, soulevant une mer monstrueuse, leur fit courir les plus grands périls. Le vent, qui parfois mollissait, reprenait bientôt avec plus de rage, au milieu de grains de grêle et de neige. A travers les éclaircies on ne découvrait que des sinistres, soit sur la rade de la Katcha ouverte à cet ouragan, soit dans les ports de Kamiesh et de Balaklava. Un grand nombre de navires, surtout des transports ou des bâtiments de commerce, furent jetés à la côte ou s'engloutirent corps et biens après s'être abordés et entr'ouverts. Presque tous les vaisseaux de combat subirent de graves avaries, rompirent leurs chaînes, brisèrent leurs gouvernails, et ne furent sauvés d'une catastrophe imminente que par la fin des furieuses bourrasques contre lesquelles ils avaient à lutter pendant vingt-quatre heures. En pleine mer, des bâtiments sombrèrent, ou, désemparés par la tempête, n'échappèrent au naufrage que par des efforts inouïs. La frégate à vapeur, *le Sané*, sur laquelle nous transportions à Constantinople des blessés et des prisonniers russes, fut si violemment battue par la mer, qu'un canon de 30, amarré sur le gaillard d'avant, fut, dans un coup de roulis, emporté par-dessus le bord, avec affûts, pitons et palans, effleurant à peine la muraille du navire.

A Eupatoria, dont la rade présentait un spectacle effrayant, quinze transports, tant français qu'anglais, furent jetés à la côte, où, comme à la Katcha, rôdaient des bandes de cosaques avides de saisir la proie que leur offrait l'ouragan. Nous perdîmes sur cette rade deux des bâtiments de notre escadre, *le Henri IV* et *le Pluton*, malgré l'énergie et l'habileté de leurs capitaines, secondés par de vaillants équipages. Nous reproduisons le rapport adressé au vice-amiral Hamelin, commandant en chef l'escadre de la Méditerranée, par le commandant du *Henri IV*.

« Baie d'Eupatoria, ce 14 novembre 1854.

« Amiral,

« J'ai la douleur de vous annoncer que mon vaisseau est à la côte depuis hier au soir à vingt milles au sud d'Eupatoria, et que je n'ai aucun espoir de l'en retirer dans la saison où nous sommes.

« Ce triste événement est dû à la rupture successive de mes quatre ancres pendant la tempête que nous venons d'essuyer, et qui, bien que moins violente, dure encore au moment où j'écris.

« Toutes les précautions que conseillait la prudence avaient été prises. La touée de l'ancre de bâbord, qui était celle qui travaillait avec les vents du large, était de cent vingt brasses sur un fond de huit brasses, et je m'étais affourché nord et sud dès mon arrivée. De plus, chaque fois qu'il ventait un peu frais, je laissais tomber l'ancre de veille de tribord qui était ma meilleure. Je n'avais pas manqué de le faire, hier, lorsque je vis la mauvaise apparence du temps. Je fis ensuite caler les mâts de hune, amener les basses vergues sur le porte-lof, et mouiller une seconde ancre de veille, ce qui m'en faisait quatre dehors, c'est-à-dire tout ce que je possédais, puisque j'en avais perdu une à Baltchick par suite de rupture de chaîne en dérapant, et qu'une autre avait été cassée par un boulet dans le combat du 17 octobre.

« Je devais, amiral, me croire en sécurité avec quatre fortes ancres dehors, lorsque, dans une très-forte rafale, avec saute de vent, la chaîne de tribord cassa net au portage de la bitte. A onze heures, celle de bâbord, qui avait souvent filé, chaînon par chaînon, malgré les stoppeurs et les coins, et qui était arrivée à au moins cent cinquante brasses, en fit autant. Nous vînmes alors à l'appel de l'ancre de veille de tribord dont le levier de stoppeur se brisa; mais la chaîne ayant fait une coque à l'écubier du puits, elle tint bon au septième maillon (cent vingt-six brasses) jusqu'à cinq heures dix minutes du soir, instant où elle cassa dans un violent coup de tangage. Celle de bâbord travaillant alors seule ne résista pas une minute, et ce fut avec terreur que j'entendis la double secousse qui m'apprenait que tout espoir de résister à la tempête était perdu, et qu'il fallait se résigner à aller à la côte, comme l'avaient déjà fait sous mes yeux, dans cette fatale journée, douze ou quinze autres bâtiments, au nombre desquels se trouve la corvette *le Pluton*, arrivée depuis quatre jours seulement, et un vaisseau turc portant pavillon de contre-amiral, qui ont, sans doute aussi, cassé toutes leurs chaînes.

« Certain de n'être plus tenu par rien, je fis hisser le petit foc pour faciliter l'abatage du vaisseau sur tribord, et éviter les navires mouillés à terre de moi; puis, après les avoir parés, je fis border l'artimon afin d'aller m'échouer le moins loin possible de la ville, et de pouvoir communiquer avec elle par la langue de sable qui nous sépare du lac Salé, sans être inquiété par les cosaques, qui ne manqueraient pas de venir rôder autour de nous.

« La nuit était très-obscure quand nous commençâmes à toucher. Je fis en sorte d'échouer l'avant à terre perpendiculairement à la côte ; mais d'énormes brisants, prenant le vaisseau par la hanche de bâbord, le portèrent petit à petit pendant toute la nuit, et même aujourd'hui dans la matinée, dans une direction presque parallèle au rivage, et le sable mouvant remplissant à l'arrière la souille à mesure que la carène se déplaçait dans son agitation continue, il en est résulté, chose incroyable, que nous sommes déjaugés de quatre mètres et demi à l'arrière et de quatre mètres à l'avant, et que notre distance du rivage n'est que de soixante mètres au plus.

« La situation du *Henri IV*, au moment où j'ai l'honneur de vous écrire, est celle-ci : incliné un peu sur tribord, presque parallèlement à la côte, le cap au nord-nord-est, la sonde indiquant $3^m,35$ à l'arrière, $2^m,30$ à l'avant, 4 mètres par le travers à bâbord et $3^m,20$ par le travers à tribord. Il a fait sa souille, et il n'éprouve plus les secousses qui l'ont tourmenté pendant dix-huit heures. Le vaisseau n'est pas défoncé, puisque les pompes ordinaires suffisent pour étancher l'eau de la cale, et qu'elles ne fonctionnent pas toujours.

« Le gouvernail est démonté et je crois ses ferrures brisées, de même que celles de l'étambot.

« Le vaisseau n'a plus d'autres ancres que celles à jet. Deux des bouts de chaînes restés à bord sont engagés sous la quille. La chaloupe est à la côte ; je la suppose réparable. Le grand canot, le canot-major et ma baleinière sont entièrement hors de service. Les deux canots moyens ont été aussi jetés à la côte à Eupatoria, où ils étaient occupés, le 14 au matin, pour l'embarquement des bœufs; mais ils peuvent être et seront réparés. Quant aux chalands, ils sont coulés et probablement en pièces. La mâture est intacte. J'ai fait déverguer les voiles, envoyer en bas les vergues et manœuvres courantes. Je ferai dépasser les mâts de hune dès que je le pourrai.

« J'ai pu, au moyen du youyou, établir un va-et-vient avec la terre; mais la mer est encore trop grosse pour entreprendre le sauvetage des cent dix malades que je compte à bord. Je me suis contenté de faire passer au commandant supérieur d'Eupatoria des munitions pour obusiers de montagnes, en remplacement de celles qu'il avait consommées avec succès la veille sur la cavalerie russe.

« Nos batteries sont restées chargées, et j'ai eu l'occasion ce matin de faire usage de nos caronades pour faire rebrousser chemin à une cinquantaine de cosaques qui s'avançaient au grand galop pour s'emparer des hommes de mon youyou restés à terre et qui ne pouvaient réussir à remettre à flot cette petite embarcation.

« Voilà, amiral, la situation actuelle du *Henri IV*, de ce beau vaisseau dont j'étais si fier... elle est bien triste, et je ne vous parlerai pas de la douleur que j'en éprouve; vous êtes fait pour la comprendre et pour me plaindre.

« J'espère que ma santé se soutiendra assez pour

me permettre d'achever jusqu'au bout les devoirs que j'ai à remplir envers l'État et envers mon équipage ; quant à mon courage, il ne faillira pas.

« Je n'ai pas encore pu communiquer directement avec le commandant du *Pluton*, mais il est venu sur la plage vis-à-vis de mon vaisseau, et m'a fait dire par un de ses matelots que son bâtiment étant défoncé et son entre-pont envahi par la mer, il l'avait évacué ce matin sans perdre un seul homme. M. Fisquet est à Eupatoria avec tout son équipage, qui a pu aussi sauver ses effets. Le rapport de cet officier supérieur vous fera connaître en détail les circonstances de son malheur, qui ne fait qu'ajouter au mien.

« J'ai signalé au *Lavoisier*, qui, lui aussi, a cassé une de ses chaînes et n'a tenu sur l'autre qu'au moyen de sa machine, de faire route pour vous faire connaître notre fâcheuse situation dès que le temps le lui permettrait.

« Je n'évacuerai pas mon vaisseau tant qu'il en restera un morceau pour me porter et y faire flotter les couleurs nationales. J'attends les secours qu'il vous sera possible de m'envoyer, amiral, afin de sauver, en fait de vivres et de matériel d'armement, tout ce que je pourrai. Ne pouvant déposer ces objets sur une terre ennemie, il me faut des bâtiments pour les recevoir et les porter aux autres vaisseaux de l'escadre.

« Mon équipage, affaibli considérablement par les détachements que j'ai fournis tant pour le siége de Sébastopol que pour la garnison d'Eupatoria, se trouve réduit à un petit nombre de matelots valides, d'où il

Naufrage du *Henri IV* (15 novembre 1854)

résulte que les moindres travaux sont pour nous très-difficiles, et que ceux qui demandent beaucoup de force sont impossibles. Du reste, amiral, je suis heureux de le dire, mon équipage est admirable de zèle et de discipline, chaque homme tâche de doubler sa force et vole à mon moindre commandement. Quant à mes officiers, ils me secondent en tout avec cette parfaite entente du service, ce courage et ce dévouement de cœur dont je vous ai souvent entretenu dans d'autres circonstances et qui ne pouvaient faillir dans celle-ci. Tout le monde a fait et fera son devoir jusqu'à la fin avec la plus entière abnégation, vous pouvez y compter, amiral ; et si la marine perd un de ses beaux vaisseaux, on ne peut s'en prendre qu'à la tempête, qui a été plus forte que nous, et nous a jetés à la côte malgré tous les moyens employés pour lui résister.

« Dans ma dernière lettre, qui n'a que quelques jours de date, il semble que je pressentais le malheur qui allait me frapper, lorsque je vous disais que « je « me considérais comme en perdition sur la rade « d'Eupatoria, lorsque viendrait un fort coup de vent « du sud-ouest ; » ma crainte n'a pas tardé à se réaliser.

« J'aurai l'honneur de vous faire connaître plus tard les noms des personnes qui se sont plus particulièrement distinguées dans notre naufrage, et d'appeler sur elles la bienveillance du gouvernement. Je me borne pour le moment à citer M. d'André, enseigne de vaisseau, et le quartier-maître de manœuvre Gournay (Joseph), qui ont fait le premier voyage à terre avec une faible embarcation que les brisants couvraient à chaque instant, pour aller établir le va-et-vient qui devait servir au salut de tous si le vaisseau s'était ouvert.

« Je suis, etc,

« Le commandant du *Henri IV*,

« JEHENNE. »

Nous rapporterons encore un épisode de ce double naufrage. Un corps de six mille cavaliers russes avait essayé, à la faveur de la tempête, d'attaquer Eupatoria, d'où il fut repoussé par les bonnes dispositions que prit, avec une faible garnison, le chef d'escadron Osmont, à qui la garde de la place avait été confiée.

Le commandant Fisquet du *Pluton* rend ainsi compte, dans son rapport à l'amiral Hamelin, des dispositions qu'il crut devoir prendre pendant cette attaque :

« .... A midi et demi, nous avions commencé à talonner ; peu après, le gouvernail a été démonté. Les ébranlements du navire sont devenus terribles. Chaque lame nous couchait, tantôt sur tribord, tantôt sur bâbord. J'ai essayé de tenter l'abatage sur bâbord en béquillant avec la vergue du grand hunier. Cette vergue dans le sable mouvant n'a produit aucun effet. Le bâtiment s'est couché du côté du large pour ne plus se relever.

« Dans ce moment, une vive canonnade s'est fait entendre. La ville était attaquée par six mille Russes et seize pièces de canon. Des escadrons de cosaques s'avançaient à l'est du côté que nous devions appuyer avec notre artillerie. *Le Pluton* pouvait rendre encore un dernier service. Nous avons fait branle-bas de combat, chargé les petites armes et dirigé deux pièces du côté de l'ennemi. Nous étions prêts à commencer le feu dès que les cosaques arriveraient à portée. Ils ont trouvé les défenses de la ville trop bien prises et se sont retirés. »

# XX

## NAUFRAGE DE LA SÉMILLANTE

#### RAPPORT DU COMMANDANT DE L'AVERNE

La frégate *la Sémillante,* commandée par le capitaine de frégate Jugan, partit, le 14 février 1855 au matin, de la rade de Toulon, avec 393 soldats et un matériel considérable qu'on était très-pressé de recevoir en Crimée. Il régnait alors une brise modérée de nord-ouest; mais, pour les marins qui se laissent avertir par le baromètre, le temps était très-menaçant, le niveau du mercure étant descendu à 730 millimètres. Lorsque la terrible nouvelle que ce bâtiment avait péri corps et biens arriva, nous nous rappelâmes cette indication et nous déplorâmes un ordre de départ dans lequel avait évidemment dominé la considération des besoins de la guerre.

Le commandant était un marin d'une excellente réputation d'habileté et d'énergie. Il a dû marcher quelque temps avant de voir éclater la tempête dans toute sa force. Le plus souvent, au milieu des circonstances citées, le vent d'ouest se transforme graduellement en sud-ouest extrêmement violent quand on approche des côtes de la Sardaigne. La résolution de passer par les bouches de Bonifacio, pour ne pas se laisser affaler sur la côte, a dû être d'autant mieux prise par le commandant qu'il connaissait parfaitement ces parages, pour y avoir fait précédemment une assez longue station. Mais cette manœuvre devient très-difficile quand les courants sont renforcés par les vents de sud-ouest, et quand les épaisses vapeurs que ces vents charrient masquent la vue des terres.

On ne connut le naufrage que par la rencontre de quelques débris, d'un chapeau de marin et d'objets d'équipement militaire, autour de l'îlot de Lavezzi, situé à l'entrée ouest des bouches. Des pêcheurs signalèrent ces objets. Les recherches furent continuées par les soins de l'autorité maritime, de la douane et du commandant de place de Bonifacio : elles furent malheureusement tout à fait confirmatives, et motivèrent l'envoi sur les lieux de l'aviso à vapeur *l'Averne* pour recueillir, sinon des naufragés qui auraient pu se réfugier sur d'autres îles, du moins les dépouilles des victimes et quelques renseignements sur cette horrible catastrophe. M. le lieutenant de vaisseau Bourbeau, qui reçut cette mission, en rendit compte au préfet maritime de Toulon dans trois rapports que nous allons reproduire :

« Bonifacio, 2 mars.

« Amiral,

« *L'Averne*, parti de Livourne le 28 février, a touché, le 1$^{er}$ mars au matin, à Porto Vecchio, pour y prendre des renseignements, et est arrivé le même jour, vers midi, à l'îlot de Lavezzi, sur lequel, le fait est malheureusement trop certain aujourd'hui, s'est perdue la frégate *la Sémillante*.

« Le spectacle que présente cette côte est navrant et donne une terrible idée de la furie de l'ouragan qui a pu briser en morceaux aussi menus un bâtiment de cette force, porter à des hauteurs considérables quelques tronçons de ses mâts, et prendre des quartiers du navire pour les éparpiller à plusieurs encâblures de distance, en les faisant passer par-dessus des pointes de rochers élevés de plusieurs mètres au-dessus du niveau de la mer.

« J'ai d'abord visité en embarcation les différentes criques où se trouvent les principaux débris; puis, dirigé par le patron de la balancelle *l'Aigle*, que j'ai trouvé sur les lieux, j'ai fait par terre le tour de l'île.

« Il faut, je le crains, amiral, perdre tout espoir de retrouver jamais quelques-uns des malheureux qui étaient à bord, et même de connaître exactement le moment du sinistre et les circonstances qui l'ont occasionné.

« Dans la journée du 15 février, un ouragan de la partie de l'ouest-sud-ouest, comme les vieux marins du pays ne se souviennent pas d'en avoir jamais vu, a éclaté dans les bouches de Bonifacio, et a duré de cinq heures du matin jusqu'à minuit, presque constamment avec la même violence.

« Dans la ville, la plupart des toits des maisons ont été emportés, une maison s'est écroulée, une personne a été tuée et deux autres blessées sous les décombres.

« Un douanier de service sur le quai a été jeté à la mer par la violence du vent, et, pour le secourir, le second maître de manœuvre Aimo, patron de la balancelle *l'Aigle*, a dû se coucher à plat ventre pour lui tendre la main sans être entraîné lui-même.

« Vous aurez une idée exacte de cette tourmente, amiral, lorsque vous saurez que l'embrun passait par-dessus la falaise élevée sur laquelle est bâtie la ville de Bonifacio et venait se déverser dans le port.

« Je n'exagère rien, amiral.

« M. Piras, âgé de soixante-quinze ans, maire de Bonifacio, ancien capitaine au long cours, qui a longtemps navigué dans ces parages, et dont l'opinion a beaucoup d'autorité, m'a affirmé qu'aucune frégate au monde n'eût pu présenter le travers (pour mettre en cape) à pareille tempête.

« C'est dans ces fatales circonstances que *la Sémillante* a dû donner dans les bouches de Bonifacio.

« Est-ce de jour? est-ce de nuit? C'est ce que personne n'a encore pu savoir, et ce que personne ne saura jamais sans doute.

« Poussée par cette tempête d'ouest-sud-ouest, la

frégate a dû toucher d'abord sur la pointe sud-ouest de l'île Lavezzi : c'est là, en effet, que l'on trouve d'abord quelques tronçons de ses mâts et de ses vergues brisés, encore à flot et retenus dans cette position par un enchevêtrement de cordages fixés au fond.

« Au milieu des tronçons se trouve aussi un morceau de la coque de la frégate, qui paraît provenir de la partie comprise entre les porte-haubans de misaine et la flottaison ; il y a là un hublot.

« Puis toute la partie sud de l'île est jonchée de menus débris et de morceaux de la coque qui n'ont presque plus aucune valeur. Quatre mortiers seuls paraissent par un fond d'environ 4 mètres : on pourra les sauver.

« Le 1$^{er}$ mars, on a encore retrouvé une voile d'embarcation sur laquelle on voit écrit : *Sémillante*, yole n° 1.

« Jusqu'à ce jour on n'a retrouvé que trois corps qui ont paru être ceux d'un matelot, d'un soldat et d'un caporal ; ils ont été enterrés sur l'île.

« Après avoir reconnu cet état de choses, j'ai laissé sur les lieux M. Farines, enseigne de vaisseau, avec les deux balancelles, le grand canot, une baleinière et un youyou, des apparaux, tous les outils de charpentier et 35 hommes, pour opérer le sauvetage et faire toutes les recherches qui peuvent amener la découverte de nouveaux débris ou de nouveaux cadavres. »

. . . . . . . . . . . .

« Bonifacio, 6 mars.

« Amiral,

« En laissant un officier sur l'île de Lavezzi, parmi les instructions que je lui avais données, la plus impérieuse et la plus pressante de toutes était celle de rechercher tout d'abord, avec le plus grand soin, les cadavres des malheureux qui ont péri dans le naufrage de *la Sémillante*, afin de les préserver le plus tôt possible de toute souillure, et de faire disparaître immédiatement un aussi douloureux spectacle.

« L'exécution de mes ordres a amené la découverte de soixante cadavres, la plupart nus; ces infortunés avaient eu le temps de se déshabiller pour lutter plus facilement contre la mort. Ils sont presque tous méconnaissables; parmi eux, cependant, on croit avoir reconnu un prêtre aux bas de soie noire dont il était encore porteur.

« Le corps de M. le commandant Jugan a été retrouvé, et seul reconnu d'une manière positive. Il était en uniforme, et sans cela même, amiral, il était très-reconnaissable par suite de la difformité de l'un de ses pieds. Des soins particuliers lui ont été rendus; il a été mis dans une bière avec deux couvertures, et la croix qui surmonte ses restes porte une inscription.

« A mesure que de nouveaux cadavres sont découverts, ils sont roulés avec soin dans une couverture, ce qui les préserve d'un nouvel outrage, en empêchant toute dislocation; puis ils sont placés sur une civière et portés au lieu désigné, où une fosse particulière les reçoit aussitôt. Une croix est placée sur chaque fosse.

« L'abondance des cadavres que l'on découvre à chaque instant et qui sont tous en putréfaction, et les difficultés du transport, nous ont forcés d'ouvrir un second cimetière. Ces devoirs étaient rudes à remplir pour mes pauvres matelots; plusieurs en ont été tellement impressionnés qu'ils n'ont pas pu continuer ce service; d'autres ne le remplissaient plus qu'en pleurant.

« Le sauvetage des débris ne pouvait plus se faire, mes hommes suffisaient à peine à la recherche et au transport des cadavres, et au travail pénible que nécessitent ces fosses profondes, sans avoir tous les outils nécessaires pour ce genre de travail.

« Pour toutes ces raisons, j'ai cru devoir prier M. le commandant de place de vouloir bien mettre à ma disposition un détachement de 50 hommes, ce qui m'a été aussitôt accordé avec empressement.

« J'ai pensé, amiral, qu'à ces soins matériels ne devaient pas se borner mes devoirs, et que les ministres de la religion devaient être priés d'appeler les bénédictions célestes sur les dépouilles de tant de malheureuses victimes, et de bénir la terre qui recouvre leurs restes. Je n'ai eu qu'un désir à exprimer à cet égard, et MM. les curés de la haute et de la basse ville n'ont voulu laisser à personne le soin de remplir cette pieuse mission.

« Dimanche matin, 4 mars, *l'Averne* est parti de Bonifacio, portant à Lavezzi MM. les curés, M. le juge de paix et son greffier, cinquante soldats, deux caporaux, un sergent et un officier. Le détachement a été débarqué, et deux heures après, il était parfaitement campé, à l'abri de tentes faites avec les voiles de *l'Averne*, et par les soins de son équipage.

« A midi, la cérémonie religieuse a eu lieu, et l'absoute a été donnée. Tout le monde y a assisté dans le plus profond recueillement.

« Lorsque vous jugerez que le moment en sera arrivé, je pense que tout le clergé de Bonifacio sera disposé à se transporter à Lavezzi, ainsi que plusieurs personnes de la ville. J'en ai déjà causé avec MM. les curés, qui ont bien voulu s'y transporter une première fois.

« Ces soins ne me font pas négliger la partie matérielle du sauvetage ; mais les vents presque constants qui règnent dans ces parages avec une certaine violence, dans cette saison, rendent toute opération très-difficile ; il faut attendre le calme, et je n'en ai pas encore eu. Je me suis mis et je me mets en relation avec M. le chef du service de la marine, et j'agis d'accord avec M. le chargé de l'inscription maritime à Bonifacio pour le récolement et l'inventaire des objets sauvés, dont la valeur paraît d'ailleurs être bien minime.

« Le personnel nombreux qui se trouve aujourd'hui sur l'île de Lavezzi m'a déterminé à y détacher M. le chirurgien-major de *l'Averne*, dont les services pourront être très-utiles dans le cas de quelques accidents occasionnés par les opérations du sauvetage. »

« Bonifacio, 13 mars.

« Amiral,

« Après avoir pris les dispositions dont j'ai eu l'honneur de vous entretenir par mes lettres des 2 et 6 de ce mois, et conformément à vos ordres, je me suis rendu en Sardaigne, à Longo Sardo et à la Madeleine, pour essayer d'y recueillir quelques renseignements sur l'épouvantable naufrage qui est venu affliger la marine impériale.

« Partout, en Sardaigne comme en Corse, je trouve beaucoup de suppositions, mais de faits certains presque nulle part.

« Tout le monde est d'accord sur la furie sans exemple de l'ouragan du 15 février qui, dans ces parages, a occasionné partout les plus grands dégâts, enlevé les toitures des maisons, arraché des arbres séculaires, et qui ne permettait aux personnes forcées de sortir de chez elles de le faire qu'en rampant.

« Cet ouragan soufflait de l'ouest-sud-ouest; les bouches de Bonifacio ne présentaient plus qu'un immense brisant où l'on ne pouvait rien distinguer; il n'y avait plus ni passes ni rochers; de nuit comme de jour, il était impossible de s'y reconnaître. La mer était tellement déchaînée et l'embrun si épais et si élevé, que *la Sémillante* devait en être couverte à une grande hauteur, et inondée, sans que personne à bord pût distinguer le bout du beaupré. Il n'y avait pas de frégate au monde capable de présenter le travers à une aussi terrible tempête, et tout bâtiment que sa position dans ces parages forçait de laisser courir pour donner dans ces passes si dangereuses par tout temps, était voué d'avance à une perte presque certaine au moment de cette tourmente.

« J'ai interrogé beaucoup de monde en Sardaigne, commandants militaires et civils, agents consulaires, capitaines de port, gardiens de phares, etc. Voici le seul renseignement que j'ai pu recueillir.

« Le chef du phare de la Testa m'a déclaré que, le 15 février, vers onze heures du matin, une frégate dont il ne comprenait pas bien la manœuvre, ce qui lui fit supposer qu'elle avait des avaries dans son gouvernail, venait à sec de toile, de la partie du nord-ouest, se dirigeant sur la plage de Reina Maggiore, près du cap de la Testa, où il pensait qu'elle allait se briser, lorsqu'il l'a vue hisser sa trinquette et venir sur bâbord en donnant dans les bouches de Bonifacio, où l'horizon était tel qu'il l'eut bientôt perdue de vue.

« Vous remarquerez sans doute, amiral, que, sous le rapport de l'heure, cette déclaration se rapproche de celle qui m'a été faite par le berger de Lavezzi, et qu'à elles deux elles auraient une certainne valeur, qui tendrait à fixer le moment du sinistre au 15 février, vers midi. Cependant, ce même gardien, dans une première déclaration faite à d'autres personnes, avait d'abord dit que c'était une frégate à vapeur. Quand j'ai insisté sur cette différence, il m'a répondu, ce qui n'était malheureusement que trop vrai, que l'on ne distinguait que bien mal et à une bien petite distance, et seulement par suite de l'élévation du phare.

« La mer était si forte que les glaces du phare de la Testa étaient couvertes d'une forte couche de sel. Il en était de même à Razzoli.

« A la Madeleine, je n'ai pu avoir aucun renseignement; on ne savait rien; les gardiens du phare de Razzoli n'avaient rien vu. Mais j'y ai recueilli un témoignage bien précieux en cette douloureuse circonstance. C'est celui de M. le capitaine de vaisseau anglais Daniel Roberts, retiré depuis dix ans à la Madeleine, et qui m'a affirmé, à plusieurs reprises, que, dans le cours d'une carrière bien remplie, dans aucun parage, par aucune latitude, il n'avait jamais rien ressenti, rien éprouvé qui approchât de la furie de l'ouragan qui a sévi dans les bouches de Bonifacio le 15 février.

« Sur la côte de Sardaigne, on n'a trouvé d'ailleurs ni débris, ni traces, ni vestiges du naufrage.

. . . . . . . . . . . . . . . . . . . . . .

« De la Madeleine, je me suis rendu à Lavezzi, et là, le premier moment de douleur passé, j'ai trouvé tout le monde, officiers, soldats et matelots, occupé à faire courageusement son rude devoir. Je ne saurais trop appeler votre bienveillante attention sur tous ces braves gens. La sépulture avait déjà été donnée à cent soixante-dix cadavres; quarante autres encore attendaient qu'on pût les recueillir; j'avais le cœur navré.

« Le spectacle que présente la partie sud de l'île Lavezzi, où se trouvent plusieurs petites criques qui ne sont point indiquées sur la carte de M. de Hell, et dans lesquelles sont dispersés les débris de *la Sémillante*, est quelque chose d'affreusement douloureux, et il faudrait une plume plus exercée que la mienne pour la peindre. C'est là que, suivant les vents régnants, ces malheureux cadavres apparaissent par groupes, tous dans un état affreux ; l'air en est infecté.

« Je ne crois pas devoir manquer de vous signaler un fait qui, certainement, ne vous aura pas échappé, fait bien simple en lui-même, celui de l'accomplissement d'un devoir sacré, mais qui n'en est pas moins honorable pour l'infortuné capitaine Jugan et pour le corps de la marine impériale. Seul, sur deux cent cinquante cadavres ensevelis jusqu'à ce moment, le corps du capitaine Jugan a été trouvé à peu près intact et parfaitement reconnaissable ; cet état de préservation était dû au paletot d'uniforme dans lequel il a été trouvé encore entièrement boutonné. Tous les autres cadavres étaient nus en grande partie. La mort a donc trouvé ce brave et infortuné capitaine faisant courageusement son devoir, et luttant jusqu'au dernier moment pour les autres, sans songer à lui-même.

« Voici l'inscription que j'ai fait mettre sur sa tombe :

« CI GIT

« G. JUGAN, CAPITAINE DE FRÉGATE,

« COMMANDANT LA SÉMILLANTE,

« NAUFRAGÉE LE 15 FÉVRIER 1855. »

« Lavezzi, 15 mars.

« Chaque tombe est surmontée d'une croix, et deux grandes croix, faites avec les débris des bouts-dehors de la frégate, sont placées en tête des deux cimetiè-

res situés, l'un dans l'ouest et l'autre dans l'est de l'île[1]. L'ouverture de ces deux cimetières a été rendue nécessaire pour éviter un transport long et difficile

[1] Par les soins de l'administration de la guerre et de la marine, un monument commémoratif a été depuis érigé sur le sommet de l'îlot au pied duquel s'est engloutie *la Sémillante*.

dans des rochers escarpés, et même par mesure sanitaire.

. . . . . . . . . . . . .

« Lieutenant de vaisseau commandant *l'Averne*,

« Bourbeau. »

# XXI

### NAUFRAGE DE L'AVISO A VAPEUR LE DUROC

RAPPORT DE M. MAGDELAINE, ENSEIGNE DE VAISSEAU,
AU MINISTRE DE LA MARINE

« En mer, à bord du packet *Padang*,
le 30 septembre 1856.

« Monsieur le ministre,

« Je viens remplir un triste devoir en vous annonçant la perte de l'aviso à vapeur *le Duroc*. Ce bâtiment, commandé par M. de la Vaissière, lieutenant de vaisseau, s'est jeté, dans la nuit du 12 au 13 août 1856, sur le récif Mellish, qui se trouve à 160 lieues dans le nord-ouest de la Nouvelle-Calédonie. *Le Duroc* était parti de ce dernier point, le 7 août, pour opérer son retour en France.

« Le rapport que M. de la Vaissière vous adressait sur cet événement malheureux a été perdu dans un accident de mer qui m'a enlevé vivres et vêtements ; mais j'ai la satisfaction de vous annoncer que j'ai conduit à Coupang (Timor) les trente-cinq personnes placées sous mes ordres, après une traversée de plus de huit cents lieues en canots.

« Permettez-moi, avant de commencer le récit de ce voyage, de vous donner quelques détails sur la situation dans laquelle j'ai laissé, à la date du 25 août, sur le récif Mellish, le commandant de la Vaissière et les trente personnes qui sont restées avec lui. Ce récif est à fleur d'eau ; sa position, observée après le naufrage, diffère sensiblement de celle donnée par les cartes. Cette position serait, d'après les observations : latitude sud, 17° 23′ ; longitude est 153° 35′.

« Après l'échouage, et au jour, on aperçut un îlot de sable d'environ 200 mètres de large, où, lorsque tout espoir de sauver le navire fut perdu, le commandant fit déposer les malades, les vivres, la cuisine distillatoire, le four, la forge et tout ce qu'il était possible de transporter avec nos faibles embarcations et des radeaux.

« Pendant ce sauvetage, le capitaine faisait entreprendre la construction d'un canot de 14 mètres de quille, en employant le bois provenant des bas mâts et du beaupré, démâtage qui fut terminé le 23 août. Des tentes ont été construites avec des voiles pour abriter les hommes et les vivres. La cuisine distillatoire fournit l'eau à discrétion, et il restait, à cette date, environ quatre mois de vivres pour les trente et une personnes restantes. Le capitaine espérait terminer cette embarcation à la fin de septembre, et chercher à gagner un point de la côte d'Australie d'où il pût rallier Sydney.

« Conformément aux ordres du capitaine du *Duroc*, je pris, le 25 août, le commandement d'un détachement composé de trente-cinq personnes, réparties ainsi qu'il suit : quinze hommes avec moi, dans le grand canot; l'enseigne de vaisseau, Augey-Dufresse, dans le canot-major, avec neuf hommes ; le maître d'équipage, avec neuf hommes, dans la baleinière.

« J'avais ordre de diriger ces embarcations de conserve jusqu'à la côte d'Australie, et, de là, remonter jusqu'au détroit de Torrès, où M. de la Vaissière pensait que je trouverais quelque navire qui pourrait me conduire à un point de rapatriement facile. Malheureusement ces canots, d'une très-faible dimension, et quoiqu'ils n'eussent que des vivres réduits pour vingt-cinq jours, quelques hommes et deux rechanges d'effets par homme, se trouvaient beaucoup trop chargés pour affronter une grosse mer.

« Je partis le 25 août dans l'après-midi, et je trouvai immédiatement une mer assez grosse par suite des vents violents qui avaient retardé pendant deux jours mon départ.

« Les canots ne cessèrent pas, à partir de ce moment, d'embarquer de l'eau à chaque lame, et il n'y eut que deux ou trois hommes par canot à qui il fût prudent de confier la barre.

« Je dirigeai la route sur le cap Tribulation, qui avait l'avantage d'être à la fois le point le plus rap-

Cons'ruction d'un canot par l'équipage du *Duroc*.

proché de la côte, et, en même temps, le plus remarquable par la distance d'où il est ordinairement visible en mer ; car ce qui rendait ma navigation le plus difficile était la nécessité de maintenir toujours en vue les trois embarcations, et je dus me résigner à être presque constamment de veille, la nuit principalement, pour prévenir une séparation qui eût été probablement fatale à l'embarcation commandée par le maître d'équipage. Le moyen que m'avait prescrit M. de la Vaissière de prendre des remorques fut reconnu impraticable, les bosses ayant cassé trois fois de suite, non sans me faire craindre pour la solidité des canots.

« Le 27, la mer augmenta tout à coup d'une manière des plus inquiétantes. Chaque canot dut songer à son salut personnel et jeta à la mer tout ce qui n'était pas d'une nécessité absolue. Déjà, une fois, mon canot avait rempli à moitié, mais, après l'avoir allégé d'une manière notable, j'espérais éviter un nouvel accident que craignaient les hommes que j'avais avec moi et qui avaient l'habitude de la pêche dans les canots.

« Vers midi, pendant que je prenais la hauteur méridienne, je me sentis enlevé tout à coup par une lame énorme, et, quand je reparus sur l'eau, j'étais à plus de vingt-cinq brasses de mon canot, ayant encore mon cercle à la main ; je vis alors flotter à la mer les barils et caisses contenant les vivres. Je crus tout espoir de secours perdu, lorsque j'aperçus la baleinière, qui était restée en arrière, et qui, sur les indications fournies par le grand canot, se dirigeait à ma recherche. Je repris assez de force pour nager au devant, et je fus recueilli au moment où, perdant toute vigueur, je disparaissais.

« Je demande pardon à Votre excellence d'insister autant sur cet événement, qui m'est presque personnel, mais il a eu des conséquences si funestes sur le reste de notre navigation, que je crois devoir vous le donner dans tous ses détails.

« Les premiers résultats furent la perte des instruments, de presque tous les vivres contenus dans mon canot, des vêtements des hommes, du sac dans lequel j'avais renfermé mon uniforme, mes papiers et la correspondance du capitaine du *Duroc*, contenant son rapport sur le naufrage, des lettres officielles aux consuls et aux autorités des pays où je pouvais passer, et enfin les livrets des hommes du grand canot.

« Pendant que la baleinière me sauvait d'une manière si inattendue, le patron du grand canot, le quartier-maître Laury, aidé d'un matelot que je ne saurais trop recommander à votre bienveillance, le nommé Burel, seuls, ne perdant pas un moment leur présence d'esprit, sautent, l'un à la barre, l'autre à la voile, qu'ils amènent, arment un aviron et réussissent à mettre le canot debout à la lame.

« En même temps, les autres hommes ont repris courage. Tout est jeté à la mer : seaux, souliers, etc., tout sert à vider l'eau qui avait rempli le canot jusqu'au bord; le salut des hommes et du canot est assuré ; bientôt il peut rejoindre les deux autres embarcations, réussissant à sauver sur sa route 20 kilogrammes de biscuit et le baril à eau.

« Ce ne fut que le soir que l'état de la mer me permit de reprendre le commandement de mon canot, mais, privé de vivres et de presque tout ce qui m'était

Les canots du *Duroc*.

nécessaire pour diriger la route, je dus, à partir de ce moment, me confier aux observations de M. Dufresse, observations qui allaient me devenir d'une si grande utilité, comme Votre Excellence pourra en juger par la suite de mon rapport.

« J'atterris, le 30 au soir, le cinquième jour de mon départ, sur le cap Tribulation, et je passai la nuit, mouillé en dedans d'un récif. Je crus, à ce moment, avoir rempli le plus difficile de ma mission, tandis que les déceptions les plus cruelles m'attendaient à partir de ce point et allaient exiger de chacun les sacrifices les plus durs et le dévouement le plus absolu.

« J'avais rencontré successivement sur ma route un îlot et un récif non signalés sur les cartes. J'avais craint d'abord d'avoir été entraîné par les courants ; mais l'exactitude avec laquelle je me trouvais atterrir me donna la certitude des positions en latitude que j'ai déterminées pour ces deux points.

« Le 28, à neuf heures du matin, j'ai contourné un îlot de sable rouge n'ayant pas de récif, par 16° 24' latitude sud ; la longitude estimée était de 147° 54'.

« Le lendemain, 29, le canot-major, qui était en avant, me signala un récif à fleur d'eau, dont les têtes de roche étaient à découvert et d'une étendue de plusieurs milles, avec un lagon intérieur, aux eaux bleuâtres : latitude sud, 16° 36' ; longitude estimée, 145° 40'.

« Le 31 août, avant de commencer à remonter la côte d'Australie, je fis le recensement des vivres restant dans les trois canots. Je possédais encore 72 kil. de biscuit, 20 litres d'eau-de-vie et 60 litres de vin. Je fis mon plein d'eau sur la côte, malgré la présence de quelques naturels et les difficultés de débarquement.

« Le 9 septembre, j'arrivai au port Albany, passant chaque nuit à l'abri d'un îlot ou d'une pointe de terre, ne trouvant à faire de l'eau qu'en me mettant en communication avec les naturels, vivant de poissons, de racines et de coquillages, etc., en un mot, de toutes les ressources que pouvaient fournir les points où nous passions la nuit : je ne consommai de biscuits que quand ces ressources nous manquaient.

« J'avais compté trouver, dans le port Albany, un endroit où faire de l'eau, et peut-être un établissement anglais. Je n'y trouvai aucune trace de passage des navires ; les sources d'eau étaient taries, et, après une matinée de recherches infructueuses, je me décidai, malgré l'état d'affaiblissement dans lequel nous étions tous, à partir pour Coupang aussitôt que j'aurais réussi à faire de l'eau. Je ne me dissimulai pas les dangers que le manque de vivres pouvait me faire courir ; aussi, un instant, je fus sur le point d'aller chercher, sur la côte de la Nouvelle-Guinée, un chargement de cocos, mais le manque de cartes me détourna de ce projet.

« Le 10 septembre, après avoir réussi à faire le plein d'eau sur l'île Possession, par l'entremise de naturels qui paraissaient avoir des communications avec les navires anglais, dont ils ont appris quelques mots, je fis le partage, entre les canots, du biscuit qui restait (42 kil.), ce qui donnait environ 100 grammes par jour et par homme, en comptant sur une traversée de dix à douze jours.

« J'essayai de relever le moral, un peu affaibli, d'hommes fatigués par quinze jours de privations de toute espèce, et pris de nouveau la pleine mer, me confiant à la Providence, qui m'avait conduit déjà si heureusement, et avait permis qu'au milieu des circonstances difficiles les maladies ne vinssent pas augmenter nos infortunes. Je poursuivis ma navigation avec assez de bonheur jusqu'au 17 septembre. Les hommes, malgré notre faible nourriture, se soutenaient en bonne santé, lorsque le calme vint nous surprendre d'une manière aussi inattendue que terrible.

« Le 18, j'essayai de faire nager les hommes ; mais la chaleur et le manque d'eau ne leur permirent pas de continuer.

« Le 19, la crainte commença à naître dans l'esprit d'une partie des hommes, et je résolus d'en profiter pour tenter un dernier effort, en nageant directement sur le milieu de l'île Timor, dont je m'estimai à environ trente lieues.

« Je voulus donner moi-même l'exemple, et, profitant de la fraîcheur de la nuit, nous ne quittâmes point les avirons depuis cinq heures du soir jusqu'au jour, n'ayant que douze centilitres d'eau pour nous désaltérer durant cette longue nage.

« Au lever du soleil, la terre nous apparut dans une étendue de plus de vingt lieues. Cette vue ranima le courage de chacun et sembla donner de nouvelles forces aux hommes. Aidé d'une faible brise, je réussis à entrer le soir dans une ouverture qui me semblait une rivière et d'où s'élevait une immense fumée.

« Le 21 au matin, j'étais obligé de quitter ce point

n'ayant pu y obtenir des vivres et de l'eau, et ce ne fut qu'en longeant la côte que je parvins à me procurer de l'eau sur un point inhabité. Le 22 au soir, n'ayant plus de vivres depuis le matin, j'atteignis le port de Coupang.

« J'allai immédiatement trouver le résident, M. Frœnkel, qui mit aussitôt à notre disposition toutes les ressources que présente la colonie. Pendant trois jours, les hommes ont pu se reposer avec une nourriture abondante et reprendre des forces pour entreprendre une nouvelle navigation.

« Sur l'avis de M. le résident, je dus prendre passage, le 25, sur le packet allant à Batavia et qui passe chaque mois à Coupang. Avant de partir, j'ai fait, par son entremise, au nom du gouvernement français, la vente publique des trois embarcations et des objets qu'elles contenaient.

« M. Frœnkel n'a cessé, pendant les trois jours que j'ai passés à Coupang, de nous entourer des soins les empressés et les plus généreux. Avant mon départ je lui ai adressé, en mon nom et au nom de l'équipage, une lettre de remerciement. Je suis heureux de pouvoir vous le faire connaître.

« Je lui ai laissé, dans un rapport succinct, les indications nécessaires pour que les navires qui iraient de ce point à Sydney puissent s'assurer en passant du sort de nos compagnons d'armes.

« M. Frœnkel m'a remis des lettres pour le résident de Sourabaya, où le packet s'arrête plusieurs jours, et pour celui de Batavia qui doit me fournir les moyens de rapatriement nécessaires. J'aurai l'honneur de vous faire connaître, dès mon arrivée sur ce dernier point, les moyens que le gouvernement hollandais aura mis à ma disposition.

« J'ai quitté le 25 septembre le port de Coupang sur le vapeur le *Padang*; les hommes étaient presque tous en bonne santé. Quelques-uns ont reçu, pour de légères indispositions, les soins des docteurs hollandais de Coupang.

« En terminant ce rapport, je serais heureux de pouvoir appeler votre bienveillante attention sur les services que m'a rendus M. l'enseigne de vaisseau Augey-Dufresse, qui commandait le canot major. Cet officier a contribué non-seulement au service de notre expédition par ses observations, lorsque j'ai eu perdu mon instrument, mais il a rempli aussi avec le plus grand succès la mission que je lui ai confiée plusieurs fois d'aller faire de l'eau sur la côte d'Australie ; il a réussi à soutenir, dans des circonstances bien difficiles, le courage des hommes qui se trouvaient sous ses ordres. J'ai trouvé en lui non-seulement l'officier intrépide, mais aussi le meilleur conseiller dans le moment où un chef a besoin des avis de chacun.

« Le deuxième maître, Leroy, a déployé, malgré les souffrances les plus grandes, un courage au-dessus de tout éloge : il a conduit la baleinière qu'il commandait avec le succès le plus remarquable, et malgré l'infériorité de sa marche a su, par sa vigilance, prévenir toute séparation.

« Je ne puis passer sous silence le dévouement et

l'intelligence exceptionnels que j'ai rencontrés dans le matelot de deuxième classe Jean Burel ; il a puissamment contribué au salut du grand canot, et il n'y a pas de jours où il ne m'ait donné l'occasion d'exercer son courage à toute épreuve.

« Je vous citerai, comme s'étant spécialement fait remarquer dans plusieurs circonstances et m'ayant, par leur heureuse influence sur leurs camarades, permis de les diriger sans difficultés, les nommés Mouillard (Louis-Auguste) et Lecomte (Joseph), matelots de deuxième classe, et Riques (Émile-Pierre), matelot de troisième classe.

« Je joins à ce rapport l'état des personnes de l'équipage restées, à la date du 23 août, sur le récif Mellish et celui des personnes arrivées avec moi à Timor. La santé de tout l'équipage était excellente ; j'ai emmené avec moi le seul homme blessé dans le naufrage, le matelot de deuxième classe Dezon (Auguste), qui a eu l'épaule fracturée par la roue du gouvernail au moment de l'échouage.

« Je suis, etc.

« L'enseigne de vaisseau second du *Duroc*, commandant
« le détachement arrivé à Timor,

« A. Magdelaine. »

Afin de compléter les détails qui précèdent, nous reproduisons la lettre suivante adressée par le commandant de la Vaissière à son frère, qui avait bien voulu la communiquer au *Moniteur de la flotte :*

« Batavia, 7 février 1857.

« Mon cher Alexandre,

« *Le Duroc,* heureusement sorti de tant d'épreuves, a péri dans un naufrage ; et c'est un hasard providentiel qu'il me soit donné de t'en informer. Cinquante jours passés sur un banc de sable ; une embarcation[1] construite sous un climat ardent avec nos mâts sciés en planches ; un voyage de huit cents lieues entrepris par trente et une personnes sur ce frêle esquif, en compagnie de la faim, de la soif et de la maladie ; des hommes paralysés, quelques-uns paraissant près d'expirer : tels sont les spectacles qui viennent d'attrister mon existence ! Ils auraient sans doute usé mon énergie et ma santé, si ma femme et ma petite fille, fatalement associées à ces malheurs, ne les eussent supportés, l'une avec le calme et le courage qui résultent souvent du danger, l'autre avec la naïve résignation de l'enfance ; si, dans ces pénibles conjonctures, une discipline exacte, une obéissance ponctuelle, un travail intelligent et soutenu, n'eussent consacré

---

[1] Cette embarcation, nommée *la Délivrance,* fut mise à l'eau le 20 septembre, et, le 2 octobre, le capitaine de la Vaissière et les trente personnes restées avec lui depuis le naufrage quittèrent l'îlot pour entreprendre leur périlleuse traversée.

trois ans et demi de soins appliqués à l'instruction de mon équipage.

« Arrivés à Coupang, dans l'île de Timor, le 30 octobre dernier, nous en sommes partis le 13 novembre, et nous aurions dû atteindre au commencement de décembre, sur le paquebot des Moluques, l'île de Java. Nous visitâmes successivement Banda, Amboine, Ternate et Menada dans l'île de Célèbes, comblés partout dans les établissements néerlandais des plus touchantes attentions, accueillis avec la plus généreuse hospitalité.

« Jusque-là tout allait assez bien. La mousson d'ouest sous laquelle, avant d'atteindre Timor, notre embarcation *la Délivrance* s'était entr'ouverte et avait failli sombrer, la mousson d'ouest faisait bien entendre par intervalles ses terribles orages, mais le paquebot gagnait du terrain. Nous atteignîmes ainsi Macassar. Mais alors, durant un mois et demi, ce fut une tourmente continue. Après quatre tentatives infructueuses pour traverser la mer de Java, le paquebot *l'Ambon* rentra désemparé sur la rade, et nous semblâmes un moment n'avoir traversé le détroit de Torrès que pour demander la sépulture à un autre océan.

« Transbordés, après un mois d'attente, sur un autre paquebot, *le Padang*, nouvelle tentative infructueuse, nouvelle relâche après six jours de mer. Pourtant enfin, le 26 janvier, nous jetions l'ancre à Surabaya, dans l'île de Java. Je m'abouchai le 4 février à Samarang avec un navire de Bordeaux : ce bâtiment

15

viendra me prendre devant Batavia, et j'espère, le 12 février, passer le détroit de la Sonde pour aller en France.

« Le prochain départ du courrier de Suez et les occupations qui m'incombent à la veille d'un prochain départ, d'un nouveau séjour de quatre mois consécutifs sur les flots qui ont balayé tous les fruits de ma campagne, toutes les ressources qui accompagnaient nos personnes, ces tristes circonstances, ces devoirs urgents ne me laissent pas le temps de t'entretenir du naufrage du *Duroc* dont les causes sont, je l'espère, suffisamment connues; si le premier détachement de mon équipage est à cette heure sur la terre de France, et si, ce que je désire, mon rapport a été remis; si surtout les matelots ont été interrogés.

« J'ai la confiance d'avoir fait mon devoir, et j'attends, sans plus de crainte que je n'en ai eu en face d'une mort terrible et presque certaine, le jugement du conseil de guerre qui devra prononcer sur mon sort[1]. »

---

[1] A la suite de l'acquittement le plus honorable, prononcé à l'unanimité, le commandant de Lavaissière fut attaché à l'état-major de l'amiral Hamelin, alors ministre de la marine.

## XXII

### NAUFRAGE DU BORYSTHÈNE

**RELATION DE M. VÉRETTE, AIDE-MAJOR, PASSAGER**

Le 15 décembre 1866, les côtes de l'Algérie ont été le théâtre d'un événement tragique. Par une nuit de mauvais temps, le paquebot à vapeur *le Borysthène*, ayant touché sur un récif, près d'Oran, l'arrière du navire s'est englouti instantanément, entraînant soixante-dix personnes dans l'abîme. Pendant deux jours, cent quatre-vingts marins et passagers sont restés accrochés aux flancs du navire ballotté par la mer, ou entassés sans ressources sur un rocher désert. Dans une lettre adressée à sa famille, M. Vérette, aide-major, passager à bord et échappé au désastre, a fait de cette scène émouvante la narration qu'on va lire :

« Le commandant du navire nous assura qu'entre dix et onze heures du soir, nous arriverions à Oran.

Grande fut notre joie, car c'est vraiment bien triste de ne voir pendant deux grandes journées que le ciel et l'eau ; et puis ce mouvement perpétuel du navire vous fatigue et vous ennuie ; on soupire après la terre.

« Au dîner, il y eut beaucoup de gaieté. A huit heures, on bouclait ses sacs de nuit pour être plus tôt prêt à débarquer. A neuf heures et demie du soir nous étions encore sur la dunette à causer. La mer devint tout à coup plus mauvaise. J'allai me coucher ; mais le roulis m'empêchant de fermer les yeux, je m'en plaignis à mon voisin, qui ne me répondit pas : il dormait comme un bienheureux.

« Je sommeillais cependant, vers onze heures, quand j'entendis une voix crier : « Stop, nous som-
« mes dessus, machine en arrière ; vite ! » Puis le bruit sourd de l'hélice cessa de se faire entendre : le bâtiment sembla s'arrêter, on courait sur le pont. « Allons, allons, dis-je à mon voisin, nous sommes
« arrivés, nous entrons dans le port, on manœuvre en
« haut. » Tout en disant cela, et comme saisi d'un vague pressentiment, je sautai à bas de mon hamac pour monter sur le pont. Au même instant, un craquement terrible se fait entendre, accompagné de secousses si violentes, que je tombai à terre ; puis j'entends un matelot qui crie : « Mon Dieu ! nous sommes
« perdus, priez pour nous ! »

« Nous venions de toucher le rocher, et le navire s'entr'ouvrait ; l'eau entrait dans la cale, on l'entendait bouillonner. Les soldats, qui couchaient sur pont, se sauvent pêle-mêle, n'importe où, en poussant des cris affreux ; les passagers, demi-nus, s'élancent hors des cabines ; les pauvres femmes s'accrochaient à tout le monde et suppliaient qu'on les sauvât ; on priait le bon Dieu tout haut, on se disait adieu. Un négociant arme un pistolet et veut se brûler la cervelle ; on lui arrache son arme. Les secousses continuaient ; la cloche du bord sonnait le tocsin, mais le vent mugissait affreusement, la cloche n'était point entendue à cinquante mètres. C'étaient des cris, des hurlements, des prières ; c'était je ne sais quoi d'affreux, de lugubre, d'épouvantable ; jamais je n'ai vu, jamais je n'ai lu de scène aussi horrible, aussi poignante. Être là, plein de vie, de santé, et en face d'une mort que l'on croit certaine, et d'une mort affreuse !... En ce moment suprême, le vicaire, M. Moisset, nous donna à tous la bénédiction. La voix pleine de larmes de ce pauvre prêtre, recommandant à Dieu deux cent cinquante malheureux que la mer allait engloutir, remuait toutes les entrailles. Presque au même instant, le navire versait tout entier sur le côté droit ; l'eau entrait dans la salle à manger, dans les cabines, à gros bouillons. Tout le monde fut précipité du même côté. Nous avions de l'eau jusqu'aux épaules : il fallut nager jusqu'à la rampe de l'escalier qui conduisait sur le pont ; c'est alors qu'on n'entendit plus un cri, chacun se sauvait comme il pouvait sans proférer une parole.

« Arrivé au bas de l'escalier, j'aperçois Doguy nageant près de moi. Nous montons tous deux ; mais, arrivés en haut, la porte était fermée, et nous entendons crier : « Gare ! le grand mât va tomber ! » On l'abattait à coups de hache, mais bientôt une lame enlevait les matelots occupés à ce travail.

« Au haut de l'escalier se trouvait un petit tambour en tôle, qui en recouvrait l'entrée. Deux lucarnes étaient pratiquées dans le tambour ; la porte étant fermée, nous ne pouvions l'enfoncer, et Dogny me dit : « Nous sommes perdus, l'eau monte dans l'escalier ! » En passant la tête par la lucarne, je vis Roux, Godard et Weber, accroupis sur le haut du tambour et se cramponnant comme ils pouvaient. Ils m'aperçoivent et me crient : « Vite, Vérette, vite, passe par la lu-« carne ; nous sommes perdus ! » Ils m'ont tiré tant et si bien, que je suis passé, et Dogny ensuite. Nous voilà donc tous les cinq groupés sur un espace où trois personnes auraient été fort gênées ; derrière nous, la mer furieuse ; à droite, la mer encore ! Au bout d'une minute, nous entendons des cris, c'était l'arrière tout entier du navire qui craquait et s'engouffrait tout d'un coup, entraînant avec lui une soixantaine de personnes,.... puis le silence !

« La nuit était noire, et les vagues d'une phosphorescence telle qu'elles nous retombaient sur le dos comme une pluie de feu ; cela sentait l'éther, la créosote. Jamais je n'avais vu cela. Les lames balayaient le pont avec une rage inouïe, entraînant tous ceux qui ne se cramponnaient pas ; on les entendait venir de loin, et quand elles arrivaient, on baissait la tête et on se serrait les uns contre les autres. Nous en avons reçu de si violentes, que nous craignions que le tambour de l'escalier sur lequel nous nous trouvions ne craquât et ne nous entraînât dans sa chute. Weber me disait : « Vérette, nous allons mourir ; mais si « l'un de nous se sauve, qu'il jure d'écrire à nos pa- « rents aussitôt qu'il le pourra. »

« Nous nous sommes serrés la main plus de dix fois en nous disant adieu. Les vagues ne nous laissaient plus de repos. L'eau nous coulait dans le dos, nous en avions plein les yeux et la bouche. Quand une lame balayait le pont, on voyait encore se détacher quelqu'un d'un groupe, glisser sur la pente inclinée du pont ; le malheureux criait : « O mes amis ! » La vague se retirait en l'emportant, et c'était tout ; d'autres criaient : « Soutenez-moi, je glisse, je suis perdu ! » Un contrôleur voit sa femme enlevée par une lame ; elle avait son enfant de dix-huit mois sur les bras ; ne pouvant la retenir, il saute à la mer en disant : « Nous « mourrons ensemble ! » Le vicaire, M. Moisset, a coulé près de moi ; je lui ai tendu la main, mais il l'a manquée et il s'est accroché au bas de mon pantalon ; le morceau lui est resté dans la main, et la lame l'a enlevé.

« Vers trois heures du matin, nous essayâmes de quitter notre refuge et de grimper sur le bord non submergé du navire ; mais, pour accomplir ce trajet, il nous fallait franchir un espace de trois ou quatre mètres en montant une pente presque verticale et glissante comme un savon gras. Impossible de tenter une pareille escalade, d'autant plus qu'il fallait grimper dans l'intervalle de deux vagues. On nous jeta alors une corde que nous nous passâmes autour du corps, et les soldats, qui avaient pu réussir à se mettre à cheval sur le bord qui était hors de l'eau, nous montèrent chacun à notre tour. En arrivant, un soldat me reconnut. « C'est vous, major? me dit-il; don-« nez-moi la main, tenez-vous bien, et laissez-vous « aller. » Il me hissa; après moi, Dogny, Roux, Godard et Weber. On organisa alors, avec une corde, une espèce de va-et-vient, car à cinquante mètres de nous environ, se trouvait le gros rocher contre lequel nous avions échoué; mais le tout était de se porter sur le rocher. La corde devait nous servir de pont volant.

« A neuf heures du matin, tout le monde était sur le rocher. On se compta; il y avait soixante-dix morts. La mer en amena trois sur le rocher; on leur prit leurs souliers, et on les donna à ceux qui n'en avaient pas. On fit du feu avec les planches des canots brisés, et l'on mit des mouchoirs blancs au haut de grands bâtons, pour être aperçus et secourus. Le rocher forme une petite île complétement dépourvue de terre, aride et à pic; pas d'eau à boire, rien à manger; transis de froid, mouillés jusqu'aux os, pouvant à peine nous tenir sur nos jambes, tant nous étions épuisés! Enfin, vers midi, une balancelle, montée par des corailleurs espagnols, aperçut nos signaux et la fumée de nos feux; elle s'approcha et nous jeta un sac de biscuits de mer, du pain et du tabac, puis cingla vers Oran pour annoncer notre naufrage.

Naufrage du *Borysthène* (13 décembre 1866).

« L'après-midi, il plut. On fit placer dans les anfractuosités du rocher, à l'abri de la pluie, les femmes, les enfants, les malades : les soldats donnaient leurs capotes à ceux qui s'étaient sauvés de leurs cabines sans être vêtus. On passa la nuit sur des rochers, autour des feux que nous avions allumés. Pendant ces deux jours, nous couchâmes à la belle étoile, nous chauffant avec des herbes sèches et avec les débris du navire, et allant puiser dans les creux des rochers de l'eau de pluie mêlée avec l'eau de mer.

« C'est là que je connus, chers parents, les premières privations; nous avions, deux fois par jour, pour tout repas, un petit morceau de pain gros comme un œuf de poule, et rien à boire ! Enfin, le dimanche 17, à dix heures du matin, nous vîmes arriver cinq balancelles espagnoles. On s'embrassait, on se serrait dans les bras l'un de l'autre : nous étions sauvés ! On monta d'abord les femmes, les enfants et les malades, et puis tout le reste suivit.

« A une heure de l'après-midi, nous entrions dans le port d'Oran, où une foule immense nous attendait sur le quai ; tout le monde nous tendait les bras ; les hommes agitaient leurs chapeaux en l'air et les dames leurs mouchoirs. Nous avions les costumes les plus bizarres ; ainsi, Mme Munier, dont le mari est conservateur des hypothèques à Mascara, avait une capote de soldat, son mari avait les pieds enveloppés dans des morceaux de pantalon déchiré, etc. Moi j'avais ma tunique, plus de képi, mais un mouchoir autour de la tête, mes bottes abîmées comme tout le reste par l'eau de la mer, le pouce de mon pied passant au travers, mon pantalon arraché par ce pauvre prêtre qui s'était noyé, et je ne pouvais plus me tenir sur mes jambes en arrivant à terre. J'étais hébété, et je croyais rêver[1]. »

[1] *Annales du sauvetage*, février 1866.

# XXIII

### NAUFRAGE DU LONDON

#### RAPPORT DE M. GREENHILL, MÉCANICIEN

Le steamer *London*, qui a péri dans le golfe de Gascogne pendant le coup de vent du 11 janvier 1866, avait été lancé il y a deux ans à Blackwall Yard. Le capitaine Martin, homme de mer doué de capacités remarquables, en avait le commandement depuis cette époque. Ce beau navire s'était acquis une grande réputation comme bâtiment à passagers, à la suite d'un récent voyage en Australie accompli en cinquante-neuf jours. C'est le jeudi 28 décembre qu'il sortit du East Indian Dock. Dans l'après-midi du samedi, il quitta Gravesend ; mais la nuit ayant mauvaise apparence et le vent soufflant juste debout, il alla mouiller dans la *Nore*, près de Sheerness, où il resta tout le our suivant.

Il y avait à bord deux ecclésiastiques, le R. D$^r$ Wooley,

évêque de Sydney, et le R. Mʳ Draper, qui tous les deux prirent part au service divin du dimanche. Le lundi 1ᵉʳ janvier, au point du jour, l'ancre fut levée et le bâtiment commença à descendre la Manche contre une grande brise d'ouest qui ne retardait que faiblement sa marche. En débouquant de l'île de Wight, la brise augmenta jusqu'à devenir presque un coup de vent, et le capitaine Martin jugea prudent de s'abriter pour la nuit dans la baie de Sainte-Hélène. Le matin du 2, le *London* regagna le large avec une petite brise qui ne tarda pas à fraîchir de nouveau. Le jeudi 4 janvier, lorsqu'on arriva en vue de Plymouth, un coup de vent soufflait et la mer était très-grosse.

Un pilote accompagné de son aide se dirigea vers le steamer; à une demi-encablure du navire, la petite embarcation qui les contenait chavira. On mit immédiatement à la mer un canot de sauvetage qui réussit avec beaucoup de peine à recueillir l'aide, mais le pilote ne put être sauvé. Cet événement impressionna péniblement les passagers. On mouilla en dedans du brise-lames, et pendant la soirée on embarqua ceux des passagers qui avaient préféré rejoindre le navire à Plymouth.

Le vendredi 5, le *London* quitta définitivement l'Angleterre et se mit en route à toute vapeur avec une petite brise debout. Le surlendemain du départ, le vent fraîchit et la mer devint très-forte. Un coup de vent se déclara pendant la nuit. Se trouvant assez éloigné des terres, le capitaine prit le parti de stopper la machine et d'établir les huniers pour appuyer le navire. Vers midi, le temps s'améliora un peu et l'on se remit en marche doucement. Mais cette embellie ne fut pas de longue durée; le mardi matin, le bout-hors de foc, le petit mât de hune, le petit mât de perroquet et les mâts de cacatois furent brisés à la fois par la violence du vent. Ces espars demeurèrent suspendus aux étais et aux galhaubans, billardant contre le bord avec une telle violence qu'il était impossible de les saisir. Deux heures après, le grand mât de perroquet tombait à son tour et augmentait encore le désordre. Au milieu de ces péripéties, le capitaine Martin, qui ne s'était pas couché depuis le dimanche précédent, était admirable de sang-froid. La tempête augmentait sans cesse, mais le vent ayant halé un peu le travers, on continuait à faire route doucement, et il y a tout lieu de croire qu'à ce moment même personne à bord ne pensait courir le moindre danger.

Le même jour, vers trois heures après midi, une lame énorme arracha de ses portemanteaux le bateau de sauvetage de tribord. Le 10, à trois heures du matin, l'ouragan ne diminuant pas et la mer étant monstrueuse, le capitaine Martin fit appeler M. Greenhill, le mécanicien en chef, et lui annonça son intention de laisser porter sur Plymouth en marchant à toute vitesse. Il y avait à peine une demi-heure qu'on était en route, lorsqu'une autre lame tombant à bord enleva le *life-boat* de bâbord et remplit le canot suspendu de ce côté aux portemanteaux. A midi, on se trouvait par 46° 48' de latitude nord et 10° 27' de longitude ouest, c'est-à-dire à 120 lieues au large à la hauteur de l'île d'Yeu. Le vent soufflait de l'arrière et la mer venait du travers, ce qui occasionnait des roulis épouvantables; on continua cependant à marcher à petite vapeur et en route. Le capitaine et les officiers ne quittèrent pas le pont; la réputation du capitaine rassurait complétement les passagers. Le soir, à dix heures et demie, une nouvelle lame déferlant au milieu du bâtiment tomba sur le rouffle de la machine, plate-forme mesurant douze pieds sur huit, l'effondra entièrement et remplit d'eau toute cette partie du bâtiment. Aussitôt, avec une vigueur et une promptitude proportionnée à l'imminence du danger, on fit les plus grands efforts pour réparer l'avarie. Voiles de rechange, couvertures, matelas, tout fut employé pour masquer cette ouverture, mais chaque lame qui embarquait balayait en un instant les objets que l'on cherchait à fixer sur les débris de cette construction. Au bout de dix minutes, l'eau avait gagné les fourneaux; les faux-ponts furent envahis. Chassé par l'eau qui lui arrivait au-dessus de la ceinture, le mécanicien en chef abandonna sa machine et vint sur le pont rendre compte que ses feux étaient éteints. Le capitaine Martin répondit avec calme qu'il n'en était pas surpris et que l'on devait s'y attendre.

Voyant que son navire n'était plus qu'une épave, il fit établir le grand hunier, espérant ainsi tenir la cape. Mais cette voile était à peine bordée, que la force du vent l'arracha en lambeaux, ne laissant qu'un point sous lequel le navire se maintint tout le reste de la nuit. Le petit cheval (pompe à vapeur) fut alimenté au moyen d'une chaudière placée sur le pont, et toutes les pompes fonctionnèrent sans interruption pendant la nuit, manœuvrées par l'équipage et par les passagers, dont l'imminence du danger stimulait l'ardeur. Malgré ces efforts, l'eau gagna encore sur les pompes ; la tempête ne faisait qu'augmenter de fureur, des lames déferlant sans cesse sur le pont venaient s'engouffrer dans l'ouverture béante du navire. Celui-ci commença dès lors à s'élever plus difficilement à la lame, ses mouvements devinrent plus lourds. Enfin le jeudi 11, à quatre heures du matin, le *London* reçut par l'arrière un coup de mer qui, défonçant quatre sabords, introduisit encore une énorme masse d'eau. A partir de ce moment, tous les efforts devinrent inutiles, et, au point du jour, le capitaine Martin, dont la froide intrépidité ne s'était pas démentie un seul instant, entra dans la salle où les passagers s'étaient réfugiés, et, répondant à un appel général, annonça avec calme qu'il ne restait plus rien à espérer des hommes. Chose remarquable, cette solennelle déclaration fut reçue avec une égale solennité, et le silence de la résignation qui régnait dans l'assemblée ne fut plus troublé, de moment en moment, que par les exhortations du R. M<sup>r</sup> Draper, qui, depuis vingt-quatre heures, ne cessait de donner des secours spirituels. A dix heures, le bâtiment roulant encore lourdement, on tenta de lancer le canot de tribord ; mais atteint par un brisant au moment où il touchait l'eau, il coula aussitôt en laissant cinq hommes se débattre avec la mort. Comme le navire ne marchait plus, trois parvinrent à se raccrocher au bord et les deux autres furent sauvés par des cordes qu'on leur jeta. Depuis lors l'équipage exténué sembla indifférent à son sort et l'on ne tenta même pas d'armer l'une des embarcations qui restaient. Vers une heure, le navire se trou-

Naufrage du *London* (10 janvier 1866).

vait enfoncé jusqu'à la hauteur des porte-haubans ; il devint évident qu'il coulait ; la chaloupe fut mise à la mer. A ce moment-là même, ce moyen de salut paraissait si précaire, que cinq des passagers, placés à portée d'en user, semblèrent préférer le misérable abri que leur offrait un bâtiment qui s'enfonçait sous leurs pieds aux dangers évidents qu'allait courir une frêle embarcation dans une mer déchaînée. Le capitaine Martin, toujours à son poste, s'adressant alors à M. Greenhill, mécanicien en chef, auquel revenait le commandement de ce canot, lui dit : « Il y a peu de chances pour l'embarcation; il n'y en a pas pour le navire. Vous avez rempli votre devoir, le mien est de rester ici : embarquez-vous donc, et prenez le commandement du petit nombre de personnes qu'elle pourra contenir. » M. Greenhill s'embarqua avec dix-huit personnes, parmi lesquelles se trouvaient seulement trois passagers de deuxième classe, et quitta le bâtiment. Il emportait pour toute provision un peu de biscuit et n'avait pas une goutte d'eau. La chaloupe était à peine sortie de la houache du navire, sur l'arrière duquel une cinquantaine de personnes s'étaient réunies, qu'une véritable trombe d'eau s'abattit sur ces malheureux, qu'elle entraîna en se retirant. Le *London* se releva lentement et pour la dernière fois; un instant après il s'enfonça par l'arrière en lançant sa proue dans les airs et disparut dans l'abîme.

La chaloupe, n'ayant pas de voiles, put seulement se maintenir à flot vent arrière, exposée à chaque instant à être submergée. Deux heures plus tard, elle croisait un navire, mais à une distance trop grande pour le héler. Le vendredi 12 janvier, à trois heures du matin, les naufragés aperçurent les voiles d'un brick dont l'équipage, ayant sans doute entendu leurs cris, laissa porter sur eux; mais l'obscurité de la nuit empêcha d'apercevoir leur embarcation, et après avoir couru inutilement plusieurs bordées le brick s'éloigna. Au point du jour, on aperçut un grand côtre à bonne distance, dont on essaya, mais en vain, d'attirer l'attention au moyen d'une chemise placée au bout d'un bâton. Enfin bientôt après, le trois-mâts-barque italien *Marianople*, capitaine Carassa, venant de Constantinople avec un chargement de blé pour Cork, passa en vue, et le capitaine, ayant aperçu la chaloupe, s'en approcha, réussit à recueillir les malheureux qu'elle portait, leur prodigua tous les soins dont ils avaient besoin et partagea avec eux le peu de provisions qu'il avait à bord. La force de la tempête l'avait contraint à jeter la moitié de sa cargaison à la mer; et durant les quatre jours que le brick mit à atteindre Falmouth, le mauvais temps enleva son gouvernail et rendit fort utile l'assistance des passagers anglais[1].

[1] *Annales du sauvetage.*

## XXIV

### NAUFRAGE DU JEAN-BAPTISTE

#### RELATION DU CAPITAINE

Après trois mois et demi d'une traversée marquée par des coups de vent presque incessants, le trois-mâts *le Jean-Baptiste*, se rendant de Pisagua à Bordeaux, fut assailli, en mars 1867, par un violent cyclone dans les parages des Açores. Déjà, en doublant le cap Horn, une voie d'eau s'était déclarée dans la coque ; mais grâce à une pompe puissante, l'équipage avait pu maintenir le navire à flot. Pourtant, depuis quelques jours, cette voie d'eau augmentant, on avait dû jeter à la mer une partie de la cargaison. Nous laissons le capitaine du *Jean-Baptiste* faire lui-même l'émouvant récit des dangers auxquels lui et son équipage n'échappèrent que par une sorte de miracle.

« Le 17, à une heure du matin, un ouragan furieux

se déclare ; réduit la voilure ; mis en cape sous les huniers bas. A huit heures du matin, tourmente de vent ; la mâture en est toute tordue ; le baromètre est descendu à 714 millimètres ; réussi à serrer le petit hunier ; pompé constamment ; la mer est démontée. De midi à quatre heures, tous les bastingages sont enlevés ; les coups de mer brisent à bord comme sur des roches ; tout l'équipage est aux pompes ; il a été impossible de les maintenir franches ; descendu dans la cale ; l'eau est au-dessus des carlingues et gagne constamment. A six heures du soir, le petit foc, quoique tout neuf, est enlevé ; il n'y reste que les ralingues ; tout est balayé sur le pont ; la mer emporte tout, jusqu'au logement de l'équipage : le navire s'abîme.

« Nous sommes perdus sans ressource. Deux mètres d'eau dans la cale ; la tourmente m'enlève encore mon foc de cape d'artimon, et mon grand hunier commence à partir : notre heure est arrivée. Mais la Providence veille sur nous. A soixante lieues, dans l'est, se trouve également un navire qui est aussi en cape, abîmé par la tempête ; quoique chargé légèrement, il ne résiste plus à la tourmente. Ce navire est près d'engager ; le capitaine se décide à fuir vent arrière pour le salut commun ; depuis la veille au matin, six heures, il a franchi dans l'ouest la distance qui nous séparait, et vient nous apparaître comme un sauveur et comme seul moyen de salut. Je mets le pavillon en berne ; la *Léonie*, c'est le nom du bâtiment commandé par le capitaine Broutelle, manœuvre immédiatement pour se mettre sous le vent du *Jean-Baptiste*. Je prends l'avis de l'équipage pour abandonner le navire : tous sont de mon avis, qui est que sous peu il sombrera.

« Alors commence une scène aussi émouvante qu'on puisse l'imaginer. L'ouragan, encore furieux, rend la mer si grosse qu'il serait impossible de songer à mettre une embarcation à l'eau; d'un autre côté, le navire, coulant sous nos pieds, ne me laisse aucune alternative. La *Léonie* nous envoie des bouées, des échelles, tout ce qu'on possède à bord pour être mis à la traîne comme va-et-vient : nous ne pouvons rien attraper. Voyant cela, je me décide au dernier moyen de salut : une de mes embarcations est mise à l'eau, et, après avoir couru les risques de se briser vingt fois le long du bord, huit hommes réussissent à s'y embarquer; mon second est dedans; ils partent vent arrière, disparaissent et reparaissent bientôt entre les montagnes d'eau qui séparent les deux navires; ils accostent sous le vent de la *Léonie*, ils me paraissent sauvés; peu après, je vois mon canot filer sur une amarre, à l'arrière de ce navire. Mon anxiété est grande.

« Je ne comprends pas cette manœuvre : sans doute personne n'ose plus venir à notre secours. Mais on essaye de nous renvoyer le canot en le laissant couler sur une amarre. Cette opération échoue. Il faut absolument tenter de nous rapprocher. Le *Jean-Baptiste*, quoique à moitié plein d'eau, sent encore un peu son gouvernail. Je laisse porter; la *Léonie* en fait autant pour passer à mon avant. La manœuvre allait se terminer heureusement, lorsqu'une lame énorme prend la *Léonie* par l'arrière et la fait lancer dans le vent : un abordage devient imminent. Je mets toute la barre dessous; le navire n'obéit plus et tombe sur l'avant de la *Léonie*, casse son bâton de foc, son petit mât de perroquet, hache son gréement de l'avant, déchire le cuivre de la muraille. Quelques secondes encore, et les bâtiments vont se défoncer et s'engloutir. La Providence veut qu'il n'en soit rien. Les deux navires se séparent.

« Deux de mes hommes ont sauté sur la *Léonie* au moment du choc; nous ne restons plus que quatre. La roue de mon gouvernail est brisée; les débris de la baume et de la corne, qui fouettent en pendant, empêchent d'approcher du gouvernail; une demi-heure se passe avant que je puisse faire couper tout ce qui les retient à bord.

« Enfin, je puis m'approcher du gouvernail; la barre est mise pour aller rejoindre la *Léonie*, qui a beaucoup dérivé sous le vent et se trouve déjà à une assez grande distance. Après une heure d'attente, je me vois de nouveau à deux encablures de ce navire. Malheureusement, mon canot a sombré, je suis désespéré. Il y a encore une baleinière à bord de la *Léonie*. Au bout de quelque temps, je vois manœuvrer pour sa mise à l'eau; cinq hommes s'y embarquent, sans hésiter devant le péril auquel ils s'exposent, pour essayer une dernière fois de nous sauver. Ils arrivent sous le vent à nous. Là, nouvelles difficultés et nouveaux dangers. Le *Jean-Baptiste* roule comme une barrique, les lames le couvrent de l'avant à l'arrière;

la cale était remplie d'eau : l'un de mes hommes est obligé de se jeter à la mer pour gagner le canot. Nous parvenons tous à y embarquer, et nous fuyons aussitôt vent arrière.

« Pendant ce temps, la *Léonie* s'était vue sur le

Naufrage du *Jean-Baptiste* (mars 1867).

point d'essuyer un second abordage. Après l'avoir évité, elle avait laissé porter pour rejoindre le canot de sauvetage, et avait repris la cape. Nous l'accostons sous le vent ; on nous lance des cordes auxquelles nous nous accrochons ; au moment où nous mettons le pied sur le pont du navire, l'embarcation se brise le long du bord, sans qu'on puisse la sauver. Il était une heure de l'après-midi : depuis sept heures nous luttions contre la mort. »

Malgré ses avaries, la *Léonie* résista encore heureusement à la tempête pendant vingt-quatre heures ; puis le temps s'améliora, et le 25 mars le capitaine Broutelle débarqua au Havre les quinze naufragés du *Jean-Baptiste*[1].

[1] Le comité de la Société centrale de sauvetage a décerné une médaille d'honneur au capitaine Broutelle, et aux braves marins qui avaient été dans leur baleinière recueillir les derniers naufragés.

# XXV

### NAUFRAGE DU TROIS-MATS LE PARANGON

Le 14 septembre 1869, après une journée de chaleur accablante, le vent s'éleva tout à coup dans la nuit et souffla bientôt en tempête. Le trois-mâts anglais *le Parangon*, se rendant à Nord-Shields avec un plein chargement embarqué à Alméria, traversait la Manche, lorsqu'il fut assailli par cette bourrasque. Le capitaine aperçut les phares d'Étaples, les prit pour des feux anglais, et vira le bord de manière à les laisser sur sa gauche. A ce moment, le matelot William Duncan s'approcha de lui et l'avertit qu'il faisait fausse route. Un instant après, le navire, poussé par d'énormes lames, toucha si violemment, que l'équipage crut avoir heurté contre des rochers.

Il était une heure du matin. La coque s'ouvrit presque immédiatement et se disloqua. L'équipage avait eu le temps cependant de se jeter dans un canot; mais à peine avait-on débordé que plusieurs lames le remplirent, le chavirèrent et le roulèrent. Duncan se mit à nager, tout en se débarrassant de ses vêtements au moyen d'un couteau dont il avait eu la précaution de se munir lorsqu'il avait jugé le naufrage inévitable. Il sentit bientôt un de ses compagnons d'infortune s'accrocher à lui, en le suppliant de le sauver. « Mon ami, lui dit-il, si tu restes sur moi quelques secondes encore, nous périssons sûrement tous les deux ; et puisque seul je sais nager, laisse-moi essayer de me sauver. — C'est vrai, lui dit son camarade, tu as raison... Adieu ! » et la mer engloutit cette épave vivante.

Après deux heures de mortelles angoisses et de luttes désespérées, le malheureux naufragé finit par gagner la terre. Il était à peine trois heures du matin. La nuit était obscure, la plage déserte, et la tempête balayait sur la grève de véritables flots de sable. Duncan se traîna avec peine jusqu'à l'hôpital récemment bâti à Berck par l'Assistance publique pour les enfants malades de la ville de Paris. Il frappa et appela inutilement ; les hurlements de la tempête couvraient le bruit de sa voix. Il se dirigea alors vers le phare, dont il apercevait la lumière ; pendant ce trajet, il heurta de ses pieds un madrier garni de clous et se blessa profondément ; il poursuivit néanmoins, en s'aidant de ses mains. Le phare est situé sur une hauteur, entourée de grandes herbes coupantes et piquantes ; on ne comprend pas qu'au milieu de la tourmente, et affaibli comme il était, Duncan ait pu gagner cet endroit, dont l'accès est difficile même en plein jour. Il tomba épuisé contre la porte du phare, en appelant au secours; la porte s'ouvrit aussitôt. M. Ledoux, gardien du phare, le transporta dans sa chambre, se dépouilla de ses vêtements pour l'en couvrir, le fric-

Naufrage du *Parangon* (septembre 1869).

tionna devant un bon feu, lui fit boire du vin chaud, et ramena chez lui la chaleur et un peu de force. A peine Duncan eut-il repris ses sens, qu'il s'écria, comme sortant d'un rêve : « Mais j'ai des camarades; il faut aller les chercher!»

Aussitôt ils prennent des couvertures et partent tous les deux pour aller explorer la grève. A la lueur vacillante du fanal dont ils se sont munis, ils découvrent un homme dont la tête et la moitié du corps sont enfouis dans le sable, et ne donnant plus signe de vie. Duncan reconnaît John Stephenson, charpentier du *Parangon*. On le frictionne, on l'enveloppe dans des couvertures. Le jour commençait à poindre ; l'hôpital s'ouvre cette fois à l'appel des courageux sauveteurs ; un médecin arrive, et, grâce à une médiation énergique, Stephenson se trouve bientôt hors de danger.

Lorsque le jour se fit complétement, un spectacle navrant s'offrit aux regards. Sur une étendue de trois kilomètres, la plage était couverte d'épaves de toute sorte. La dunette était intacte sur la plage, comme si on l'eût sciée en travers et déposée là. On apercevait la carcasse ensouillée dans le sable, et lorsqu'elle fut allégée des saumons de plomb qu'elle contenait, la marée montante la jeta sur la côte. La force des lames avait été telle, que d'énormes morceaux de fer et de cuivre, servant à relier les différentes parties du navire et ayant 8 centimètres d'épaisseur, se trouvaient brisés comme du verre. Il en était de même des saumons de plomb tordus, recourbés et comme fondus dans des moules à formes bizarres. La bourrasque dura deux jours et une nuit ; dans le pays, on ne se souvient pas d'avoir vu, depuis plus de trente ans, une tempête aussi violente.

L'équipage du *Parangon* se composait de onze hommes ; Duncan et Stephenson ont seuls échappé au désastre. Ils sont restés à Berck pendant dix jours, nourris et soignés à l'hôpital, et recevant de la population et des baigneurs l'accueil le plus sympathique. Duncan surtout attirait l'attention par sa physionomie pleine d'expression, par l'énergie et le courage dont il avait fait preuve.

Tout le monde rendait également justice au gardien du phare, sans le dévouement duquel les deux survivants du *Parangon* eussent infailliblement péri. Ce ne sont pas, d'ailleurs, les premiers naufragés qui lui doivent la vie. On cite, à Berck, bien des actes de sauvetage accomplis par ce brave gardien, et l'on sait que la porte du phare est toujours prête à s'ouvrir pour donner asile et secours aux marins que sa lumière n'a pas éloignés du danger [1].

[1] *Annales du sauvetage.*

# XXVI

## OURAGAN A LA MARTINIQUE. — SINISTRES.

Le journal *les Antilles* a donné la description suivante de ce terrible ouragan, durant lequel un grand nombre de bâtiments se sont perdus à Saint-Pierre (Martinique) :

Saint-Pierre, 10 septembre 1872.

Hier lundi, à deux heures de l'après-midi, notre rade a été le théâtre d'un sinistre qui marquera d'un souvenir néfaste la date du 9 septembre 1872.

Trois navires long-courriers français, dont deux avaient leur plein chargement, deux bricks-goëlettes, une goëlette et deux côtres anglais, cinq caboteurs de l'île, une goëlette vénézuélienne, quinze gabarres, plusieurs chalands, deux chaloupes à vapeur, des embarcations de petite dimension, quantité de marchandises, denrées coloniales et produits importés : voilà ce que coûte à notre port l'impétueuse bourrasque qui s'est déchaînée sur elle pendant quelques heures, accumulant dans ce court espace de temps des pertes qu'on ne peut chiffrer à moins de douze ou quinze cent mille francs.

A ces dommages matériels ne s'arrête pas le désastre. Plusieurs victimes ont péri dans les flots, sur nos plages hospitalières et calmes ordinairement.

Nous sommes encore au milieu et sous le coup de ce sinistre, et le spectacle continue à l'heure où nous écrivons. Le ciel est gris et terne. De nombreux nuages amoncelés au-dessus de l'horizon semblent n'attendre que le signal et l'impulsion pour se précipiter de nouveau sur le port. La mer soulevée déferle en vagues furieuses, pulvérisant sous son écume les carcasses dispersées sur la côte. De l'extrémité de la Galère à la plage du Mouillage sont jalonnées, dans la rigidité du naufrage, les coques fracassées des navires, bricks, goëlettes, chalands jetés à la plage par la violence du vent. A la place Bertin, dans les rues voisines d'un échouement, sur le rivage, dans la mer, gisent ou flottent, dans un indescriptible pêle-mêle, des débris de mâture, des fragments de carènes, des voiles, des cordages, des marchandises, d'énormes poutres, des objets de toutes sortes. Et la rade entièrement dépouillée ne présente plus au regard que six navires rejetés de leur ligne, chassés dans des directions contraires, et soutenus par leurs chaînes.

Tel est le spectacle ! La désolation, un désordre informe, la trace dévastatrice du fléau, là où, il y a trois jours, s'épanouissaient la vie et l'harmonieuse activité du travail! Trois heures ont suffi pour produire d'irréparables malheurs, et la nuit a achevé l'œuvre de la destruction. Nous allons raconter, pour ceux qui n'y ont pas assisté, cette scène émouvante.

Dès hier matin, le temps s'annonçait menaçant, le baromètre marquait une forte dépression, le vent soufflait à l'ouest, mais sans violence. A neuf heures, on recevait de la Barbade et de Saint-Vincent, par le télégraphe, avis qu'une bourrasque venait de jeter à la côte trois navires dans la première de ces deux îles, et sévissait avec fureur dans l'autre. Entre midi et deux heures, le vent augmentait, le ciel était chargé de nuages épais ; lorsqu'à deux heures, le vent passa au sud. A deux heures et demie environ, nous vîmes venir de cette direction le premier grain, véritable muraille blanche, poussant la pluie et soulevant la mer ; c'était le commencement de la bourrasque. Déjà les navires avaient tendu sur leurs bouées des aussières protectrices ; quelques caboteurs essayèrent d'appareiller.

Le vapeur *le Saint-Pierre*, parti à deux heures malgré le danger imminent, luttait avec persistance ; le vent arrivait en ce moment en plein sur la rade et dans la ville, la pluie tombait à torrents, poussée comme une grêle, douloureuse au visage. Les navires chassaient sur leurs ancres. Il était deux heures trois quarts. Le *Marseillais*, cassant sa chaîne le premier, échouait en face de la rue d'Orange ; dans le même moment, le *Voyageur*, longtemps soutenu, dériva et vint se jeter devant la rue de l'Hôpital. Le *Jemmy*, entièrement chargé, prêt à partir dans cette journée, et déjà amarré sur la bouée, n'attendait que les dernières formalités pour appareiller, quand la bourrasque l'a surpris. Ses amarres ayant cassé, il a dérivé, décrivant une courbe énorme, de la rade au mouillage des Américains. En vain une première, une seconde ancre sont jetées ; deux fois les chaînes cassent et le malheureux navire, privé de toutes ressources, malgré l'habileté et les efforts de son équipage, poursuit cette course effrayante, heurtant à son passage le vapeur l'*Islesman*, qu'il entraîne, et tous les bâtiments placés sur sa route. Enfin il s'approche du rivage, où il échoue, à la hauteur du magasin Azevedo. Un va-et-vient est immédiatement organisé ; on sauve l'équipage, puis on s'occupe de sauver les effets, les choses précieuses. Dans le même moment, les bricks-goëlettes anglais le *Wilfred* et l'*Alice Mand* se jetaient à la côte l'un près de l'autre, accompagnés ou suivis de l'*Emerald*, du *Chickenhazard*, du *Canouan* et de trois ou quatre caboteurs coloniaux. Partout le vent brisait sur son passage l'inutile résistance des chaînes et des ancres.

Les gabarres éventrées s'échouaient ou coulaient. Au milieu de ces désastres, on tremblait pour les autres navires arrivés déjà presque au rivage et suspendus encore à leurs chaînes. L'*Élodie*, l'*Edmond-Gabriel* semblaient devoir échouer à chaque instant.

Le bateau *le Vengeur*, surpris à son arrivée par la bourrasque, essaye en vain de résister et mouille ; mais sa chaîne se rompt et il va se jeter au Fonds-Coré, où il est mis en pièces en quelques instants. Le péril est grave pour l'équipage et les passagers. Les pêcheurs de la côte se dévouent et réussissent à sauver presque tout le monde.

A cinq heures, le vent qui avait paru un instant faiblir reprend avec une nouvelle force; des grains furieux arrivent du sud; les arbres sont dépouillés, les rues jonchées de feuilles, de branches; les toits perdent leurs tuiles, la pluie inonde les rues, une recrudescence est incontestable. On répand le bruit que le *Saint-Pierre* a sombré devant Carbet, mais que l'équipage et les passagers sont sauvés. La nouvelle était inexacte.

Vers cinq heures, le petit vapeur paraissait dans le sud et s'attachait à la dernière bouée. C'était déjà un grand bonheur, mais qu'adviendrait-il dans la nuit des dix-huit passagers emprisonnés sur cette faible coque!

Dès le commencement du sinistre, le commandant du port, le capitaine Leyritz et le premier pilote se multipliaient, allaient, couraient d'un point à un autre, donnant des ordres, organisant des secours, tendant des aussières. L'administration de la marine, aidée par la population, organisait le sauvetage. Partout la bonne volonté, l'empressement répondaient aux poignantes nécessités de la situation.

Les premières heures étaient passées, on avait déjà subi bien des désastres, mais restait la nuit, la nuit noire sur une mer qui, longtemps hachée par le vent, s'élevait vers neuf heures du soir en lames effrayantes au moment où la tempête mollissait. Sous l'effort de ces vagues, le *Jemmy* est mis en pièces, et l'on n'en trouve plus vestige le matin. Un dernier naufrage a

Ouragan à la Martinique (9 septembre 1872).

marqué cette nuit d'angoisse : la goëlette vénézuélienne *Eloïsa*, longtemps soutenue par sa chaîne, mais battue par la vague, a fait côte dans la soirée.

La nuit ne compta pas de nouveaux sinistres. Ce matin, une accalmie sérieuse avait succédé à la bourrasque. On pouvait organiser le sauvetage. Des passagers du *Saint-Pierre*, huit avaient pu débarquer hier, les autres prenaient terre ce matin de bonne heure, après une nuit d'horribles anxiétés.

Les symptômes cependant ne manquaient pas d'inquiéter, et le télégraphe nous annonçait qu'à neuf heures le vent reprenait avec plus de violence à Saint-Vincent. Dans la journée, nous apprenions que la Dominique et la Guadeloupe avaient également souffert. A la Basse-Terre et à Roseaux, beaucoup de navires à la côte ; mais à Roseaux, où le désastre a eu lieu malheureusement pendant la nuit, on compte de nombreuses victimes. Les détails manquent.

11 septembre.

Les avis des îles voisines nous donnent la certitude que les Petites Antilles se sont trouvées, le 9 et le 10, dans le rayon d'un cyclone qui a dû aller se perdre dans l'Atlantique. En effet, le 9, de bonne heure, la Barbade, Saint-Vincent, Sainte-Lucie, étaient sous l'étreinte du fléau qui s'abattait sur nous entre deux et trois heures du soir. Dans la nuit du 9 au 10, la Dominique était frappée, et dans la matinée du 10 la Basse-Terre avait son tour.

# XXVII

**PERTE DU NORTHFLEET**

Dans la nuit du mercredi 22 janvier 1872, un trois-mâts anglais, *le Northfleet*, a été abordé par un vapeur inconnu près de Douvres, et a coulé bas presque immédiatement. Les journaux de Londres ont donné les détails suivants sur cette épouvantable catastrophe :

Le *Northfleet*, navire d'émigrants de 750 tonneaux, transportait à Hobart-Town 350 passagers avec des femmes et des enfants et 40 hommes d'équipage. Par suite d'un curieux incident, le capitaine qui le commandait depuis cinq ans avait été remplacé par le second. Au moment de quitter les docks, le capitaine Oates avait été retenu par un mandat judiciaire le citant comme témoin.

Accueilli devant Gravesend par un très-gros temps, le *Northfleet* s'abrita sous le cap Northforeland et y resta le mardi 21. Le temps s'étant remis, on descendit le canal et on passa devant Deal. Le lendemain soir, on était bien ancré en vue de Dungeness par une assez belle nuit. Les passagers étaient descendus et il ne restait plus sur le pont que les officiers et les hommes de service. A 11 heures sonnant, la vigie aperçut un gros bâtiment à vapeur qui s'avançait droit sur le *Northfleet* à toute vitesse. Ses cris d'avertissement firent monter le capitaine Knowles sur le pont, où il arriva au moment même où le steamer défonçait son navire et perçait la coque au-dessous de la ligne de flottaison. Après ce choc terrible, le steamer se dégagea et disparut rapidement sans que son équipage parût porter la moindre attention aux cris d'épouvante qui partaient du bâtiment abordé.

Les survivants comparent le bruit produit par le choc à un coup de canon. On juge du réveil des passagers! Une panique terrible s'ensuivit, dans laquelle le capitaine Knowles ne perdit pas son sang-froid; il fit lancer des fusées, commanda la mise à l'eau des canots et veilla à ce que les femmes et les enfants fussent les premiers mis en sûreté. L'ordre en vertu duquel leur salut devait être d'abord assuré fut l'objet d'une sorte de révolte. Des luttes s'ensuivirent, à ce point que le capitaine Knowles n'hésita pas à menacer de son revolver les hommes qui s'opposeraient à la mesure qu'il avait prescrite. Son attitude résolue imposa à tout le monde, excepté à un seul homme qui refusa d'obéir et sur lequel il déchargea son arme. La balle le frappa au-dessus du genou. Cet acte de vigueur ramena l'ordre parmi l'équipage et les passagers.

Cependant le jeu des pompes était sans utilité et

l'eau s'engouffrait rapidement par la brèche faite dans le flanc du navire. La scène devint alors indescriptible. Partout des cris de désespoir, des femmes qui appelaient en vain leurs maris, des mères qui avaient perdu leurs enfants. Les ténèbres de la nuit ajoutaient à l'horreur du spectacle.

On essaye de lancer à la mer la grande chaloupe, remplie de femmes au nombre desquelles se trouvait celle du capitaine; mais, par suite d'un accident, on est obligé de la remonter. C'est alors seulement que le vapeur *la Cité de Londres*, qui avait aperçu les signaux de détresse, vient en toute hâte sur le lieu du sinistre. Il réussit à recueillir la plupart des personnes qui se trouvaient dans la chaloupe, plus heureusement mise à la mer cette fois. Il recueille également plusieurs passagers et des hommes de l'équipage qui se sont jetés à la mer : trente-quatre personnes en tout. La *Cité de Londres* a continué à croiser sur le lieu du naufrage jusqu'au jeudi matin, sauvant ceux qui avaient pu se soutenir au moyen des épaves du navire. Le lougre *Mary* a également recueilli trente des malheureux passagers. Le côtre-pilote de Londres n° 3, et la *Princesse*, stationnée à Douvres, se sont aussi portés sur le théâtre du sinistre et ont réussi à sauver vingt et une personnes, dont dix s'étaient réfugiées sur des agrès.

Le pilote de service s'appelait George Drock. Il était dans l'entre-pont au moment de la collision et se précipita sur le pont en même temps que le capitaine. Il l'a vu déployer un sang-froid et une présence d'esprit extrêmes, et montrer la plus grande anxiété pour les personnes qui n'étaient pas en état de pourvoir elles-mêmes à leur salut.

Lorsque le navire s'engloutit, le capitaine était à son poste ; un des survivants se tenait auprès de lui au moment suprême. Il le vit s'emparer d'un objet flottant et se soutenir quelque temps à la surface ; mais il disparut bientôt et n'a pas été retrouvé. Le pilote et dix autres personnes furent recueillis dans la hune du mât de misaine.

Parmi les rares personnes échappées à la mort, on cite une petite fille de dix ans, inconnue de tout le monde. Elle raconte que son père l'avait mise dans le bateau, lui disant qu'il allait chercher sa mère, mais qu'il n'était pas revenu.

Soixante des passagers sauvés ont pris le train pour Londres dans la journée de jeudi. Ils ont été entourés des témoignages les plus vifs de sympathie par la foule qui se pressait autour d'eux.

La jeune femme du capitaine, Mme Knowles, a reçu un télégramme du propriétaire du navire, M. Patton, qui parle en termes éloquents du dévouement et du courage de son mari. Il lui exprime la plus vive sympathie pour sa douleur. Tous les officiers sont morts.

Le ministère du commerce (*Board of Trade*) a offert une récompense de cent livres sterling (2,500 fr.) à celui qui découvrirait le nom du navire auteur de la collision. MM. Edwin Clark, Gunchard et C$^{ie}$ offrent une somme égale ; la plupart des naufragés faisaient partie de leur maison et allaient construire un chemin de fer dans la colonie anglaise de Tasmanie. Le *Northfleet* portait une cargaison de rails pour ce chemin, et cette lourde charge accéléra sa perte.

Le vapeur inconnu était le *Murillo*, de nationalité espagnole, dont on a pu suivre les traces et qui a été saisi dans le port de Cadix.

Nous ajouterons à ce récit un résumé de l'émouvante déposition faite par le maître d'équipage du *Northfleet* devant le coroner :

A huit heures, le soir de la catastrophe, nous étions commodément ancrés dans la baie de l'Est, en vue du phare, et en compagnie de deux cents autres navires. Les matelots de quart prirent la veille de nuit, et passagers et équipage rentrèrent dans leurs cabines pour se coucher. Le maître d'équipage resta sur le pont jusqu'à environ dix heures et demie, et après avoir remarqué que la nuit, bien qu'obscure, était relativement belle, il descendit se mettre au lit. Il n'y avait pas vingt minutes qu'il était couché qu'il entendit l'homme de veille crier : « Steamer, faites attention ! »

Ce cri ne reçut aucune réponse, et au moment où la sentinelle le répétait, le navire fut ébranlé dans toutes ses membrures par un choc terrible. Le maître d'équipage se précipita sur le pont, et la première personne qu'il aperçut fut le capitaine. « Tout l'équipage sur le pont, s'écria ce dernier, et aux pompes ! » Il devait être onze heures.

Comme il courait pour appeler l'équipage, le contre-maître vit distinctement la coque noire d'un grand vapeur passant lentement à l'arrière.

Les passagers, terrifiés, s'étaient jetés à bas de leurs lits et encombraient le pont du navire, surtout du côté où se trouvait le vapeur, en criant : « Sauvez-nous ! sauvez-nous ! nous sombrons ! »

Le capitaine et le pilote, montés dans les haubans du mât de misaine, priaient instamment le navire qui s'éloignait de s'arrêter. Mais il ne leur fut pas répondu un seul mot, et le vapeur continua sa route, laissant le bâtiment qu'il venait d'enfoncer à la merci des flots.

Alors le capitaine, se voyant abandonné, ordonna au maître d'équipage et au pilote de descendre dans la cale pour s'assurer de l'étendue du mal, tandis que lui-même allait au milieu des passagers et tâchait de rétablir un peu d'ordre.

Un seul coup d'œil jeté sur l'ouverture faite au flanc du navire suffit pour prouver l'inutilité du travail des pompes. L'eau entrait par tonnes. Le maître d'équipage remonta sur le pont et fit son rapport au capitaine, alors à la poupe, où il aidait à tirer des fusées en signe de détresse.

« Chargez le canon, contre-maître, et faites feu, dit le capitaine, puis lancez les chaloupes, c'est tout ce qui nous reste à faire. »

Si l'on avait pu tirer le canon, le bruit de la décharge aurait attiré l'attention des navires ancrés à proximité, qui confondirent les fusées avec des signaux demandant un pilote. Ces navires n'auraient pu se tromper sur la signification, les vaisseaux marchands ne tirant jamais le canon pour appeler le pilote. Mais le refouloir se brisa, et il fut impossible de charger. Il ne restait plus d'autre ressource que les chaloupes.

Déjà cette idée s'était emparée des passagers, qui, dans une lutte désespérée, se précipitaient vers ces embarcations, pendant que le capitaine suppliait et menaçait tour à tour pour obtenir qu'on ouvrît passage aux femmes et aux enfants. Si les malheureux passagers avaient conservé leur calme, il était possible de les sauver tous. Nous avions assez de canots pour les transporter sur le remorqueur qui était près de nous. Mais il était inutile de chercher à leur faire entendre raison. L'épouvante les avait rendus fous. Lorsqu'on mit la chaloupe à la mer, ils s'y jetèrent en foule aussitôt qu'elle eut touché l'eau. Le capitaine m'avait confié sa femme, j'attendais ses ordres, avirons en main ; il s'approcha du bord et je lui dis que nous coulions.

« Partez, répondit-il, et que Dieu vous protège ! »

Je ne le revis plus ; cependant au moment où nous touchions le remorqueur, je retournai la tête et je l'aperçus à la poupe, à son poste, avec le docteur. Tout le navire était éclairé des feux qu'on avait allumés et l'on voyait les gens sur le pont comme s'il avait fait grand jour. Leurs cris étaient épouvantables. Encore deux ou trois coups d'aviron et nous étions à bord du vapeur à l'ancre. Alors je me retournai de nouveau, mais les lumières étaient éteintes, les cris avaient cessé, le *Northfleet* avait disparu....

# XXVIII

### PERTE DU FORFAIT

Le 21 juillet 1875, l'escadre d'évolution de la Méditerranée, sous le commandement de l'amiral de la Roncière montant le vaisseau *le Magenta*, se trouvait près des côtes de la Corse, lorsque dans une évolution l'aviso à vapeur *le Forfait* fut abordé par la frégate cuirassée *la Jeanne-d'Arc*, dont l'éperon lui défonçait le flanc au-dessus de la flottaison. L'eau pénétrait à flots dans l'intérieur du navire qui s'enfonçait rapidement. Son commandant, le capitaine de frégate Vivielle, jugeant la perte du *Forfait* certaine, et uniquement préoccupé du salut de son équipage, ordonna à tous ceux qui savaient nager de se jeter à la mer, obligeant les autres à quitter aussi le bâtiment, muni chacun d'un espar qui pût les soutenir sur l'eau. Le lieutenant de vaisseau Rocher, second du *Forfait*, se jetait à la mer pour rejoindre ses matelots et veiller à ce que les canots qu'on avait pu débarquer ne fussent pas envahis.

Le commandant Vivielle, qui n'avait pas quitté la passerelle, abandonna le dernier son bâtiment en se jetant à la mer pour gagner la baleinière de la *Jeanne-d'Arc*. A peine cette embarcation s'était-elle éloignée que le *Forfait* s'enfonçait complétement dans l'eau, moins d'un quart d'heure après son abordage.

Les dépositions de nombreux témoins entendus par le conseil de guerre assemblé pour juger le commandant du *Forfait*, faisaient clairement ressortir que la manœuvre de la *Jeanne-d'Arc* avait été ce qu'elle devait être. Dans son rapport au vice-amiral commandant l'escadre, le commandant Vivielle avait d'ailleurs constaté lui-même qu'il s'était aperçu trop tard du danger que faisait courir au *Forfait* la route suivie par cet aviso par rapport à la *Jeanne-d'Arc*..

Après le prononcé du jugement qui acquittait à l'unanimité le commandant Vivielle, défendu avec une généreuse éloquence par le capitaine de vaisseau Devarenne, le contre-amiral de Surville, président du conseil, s'adressait à lui en ces termes : « Commandant, une fausse appréciation de distance vous a fait commettre une erreur de manœuvre que vous avez loyalement reconnue. Avec nos anciens bâtiments, il en serait résulté, sans doute, une avarie insignifiante, dont on aurait à peine parlé ; avec l'éperon qui est aujourd'hui un danger permanent, même dans la navigation ordinaire des escadres, il s'en est suivi les plus fatales conséquences.

« Néanmoins le conseil a trouvé que ni les termes, ni les sévérités de la loi ne pouvaient s'appliquer à un officier dont le passé n'a été qu'un témoignage constant de capacité, de zèle et de dévouement.

« Ce qui l'a surtout bien disposé en votre faveur, c'est la franchise de vos déclarations et votre attitude dans les débats, c'est le sang-froid et le courage dont vous avez fait preuve après l'abordage. Non-seulement vous avez sauvé votre équipage par vos habiles dispositions, mais vous n'avez consenti à vous séparer de votre navire qu'au moment où il disparaissait, donnant ainsi l'exemple du devoir le plus scrupuleusement et le plus complétement accompli.

« L'admiration que l'escadre entière a éprouvée pour votre conduite dans cette agonie de votre bâtiment, la sympathie que vos chefs et vos camarades n'ont cessé de vous témoigner, traçaient du reste au conseil la voie qu'il devait suivre; il ne pouvait que sanctionner le jugement anticipé de tous les marins. Reprenez donc avec confiance votre place parmi nos officiers.

« Quant à moi qui ai été votre chef, qui vous ai vu à l'œuvre, qui connais vos qualités comme homme et comme marin, il m'est particulièrement agréable de vous rendre votre arme, d'affirmer ainsi publiquement que vous êtes digne de la porter, et que vous saurez vous en servir, comme vous l'avez toujours fait, pour votre honneur et celui de la marine. »

# XXIX

### INCENDIE ET EXPLOSION DU MAGENTA

Dans la nuit du samedi au dimanche 31 octobre 1875, un incendie se déclarait à bord du vaisseau cuirassé *le Magenta*, portant le pavillon de l'amiral Roze, commandant l'escadre d'évolutions de la Méditerranée. Malgré la promptitude des secours, le feu se propageant rapidement atteignait bientôt la soute à poudre et une explosion formidable couvrait la rade de débris. L'équipage était heureusement presque entièrement sauvé, grâce à la fermeté et au sang-froid de l'amiral, dont nous reproduisons la première dépêche au ministre de la marine :

« Toulon, 31 octobre, 6 heures du matin.

« J'ai la profonde douleur de vous annoncer que le vaisseau *le Magenta* n'existe plus. Vers une heure du matin un incendie, dont la cause m'est encore inconnue, s'est révélé instantanément dans les soutes de l'arrière par une épaisse fumée qui sortait des panneaux du faux-pont.

« Immédiatement les mesures les plus énergiques furent prises pour combattre le feu, en même temps qu'on prévenait les navires de la rade. Mais, malgré tous les moyens employés, les flammes envahirent l'arrière du vaisseau. Les robinets des soutes à poudre furent aussitôt ouverts. Bientôt l'on fut forcé d'évacuer le gaillard d'arrière. Dès lors toutes les mesures, malgré la plus extrême activité, furent reconnues impuissantes, et je dus songer à assurer le salut de l'équipage. Les embarcations furent amenées, et les hommes après avoir lutté pied à pied contre l'incendie, durent s'embarquer par le beaupré, les chaînes et les tangons.

« Dans cette circonstance ils ont montré le courage et le sang-froid que l'on devait attendre d'eux. Je ne quittai le *Magenta* que lorsque j'eus la certitude qu'il n'y avait plus d'espoir de sauver le vaisseau et que le dernier homme était embarqué. Vers trois heures et demie du matin, étant dans une baleinière à donner des ordres, j'eus la douleur d'assister à l'explosion du *Magenta*, causée par l'inflammation des poudres, qui sans doute n'avaient pas été complétement submergées. J'avais eu la précaution de faire éloigner tous les bâtiments environnants du foyer de l'incendie, et nous n'avons pas eu de nouveaux malheurs à déplorer. La cause d'un événement aussi subit et aussi fatal dans ses conséquences m'est encore inconnue. »

Au moment de l'explosion une pluie de feu, de

projectiles et de débris s'abattit sur la rade et sur la partie du rivage la plus voisine du vaisseau incendié. Une plaque de blindage, des chevilles en fer, des fragments de bois carbonisés, étaient projetés au delà de l'arsenal du Mourillon, sur le boulevard de la Rivière. Pas un bec de gaz ne restait allumé, et la ville était plongée dans la plus profonde obscurité. Un tronçon de bois enflammé, de deux et trois mètres de longueur, défonçait la toiture de la cale de *la Victorieuse*, dans les chantiers du Mourillon, et mettait le feu au pont du bâtiment. Le feu prenait également à la toiture de la cale de *l'Eclaireur*, mais ces commencements d'incendie étaient éteints presque aussitôt grâce à l'intelligente activité des pompiers de l'arsenal. Le bruit de l'explosion était entendu jusqu'à une distance de vingt à vingt-cinq kilomètres, et la gigantesque colonne de feu qu'elle lançait vers le ciel était aperçue en mer par le transport *la Creuse*, qui se dirigeait vers Toulon, à une distance de cinquante-deux milles.

L'amiral Penhoat, préfet maritime, s'était rendu en rade dans son canot. Tous les fonctionnaires étaient à leurs postes, et la marine, la troupe, la population, réunies sur le lieu du désastre, étaient prêtes à toutes les éventualités. Quand l'explosion eut lieu, la plupart des personnes les plus rapprochées, sur les quais, furent renversées.

Une commission d'enquête fut nommée par le ministre de la marine, et un conseil de guerre assemblé, suivant les prescriptions du code maritime, pour juger le capitaine de vaisseau Galiber, commandant le *Magenta*. Le rapport de la commission, après avoir écarté la question de malveillance, attribuait la cause première de l'incendie à l'inflammation par imprudence, dans l'un des caissons du coqueron, de matières telles que bougies, allumettes, chiffons gras, etc., et la rapide propagation du feu à la présence dans le caisson embrasé de paniers et de paille, et ensuite au voisinage des cloisons environnantes, en bois de sapin, recouvertes de peinture à l'huile. Mais, suivant l'opinion du rapporteur au conseil de guerre, aucune des suppositions formées au sujet du sinistre du *Magenta* ne pouvait engager la responsabilité du capitaine de ce bâtiment. Des témoignages unanimes constataient qu'il avait fait courageusement son devoir, et que la rapidité foudroyante de l'incendie avait seule arrêté l'exécution des sages mesures prises pour le combattre. « La perte du vaisseau *le Magenta*, disait le rapport, est bien réellement une défaite, mais elle est de celles que l'on ne saurait reprocher au vaincu. »

Les détails donnés par les témoins avaient fait ressortir le concours dévoué de l'équipage, de tous les officiers, encouragés dans l'accomplissement de leur devoir par le noble exemple de l'amiral et du commandant. Malheureusement six marins, noyés pour la plupart, avaient péri ; mais près de huit cents hommes se trouvaient à bord, et le nombre des victimes était bien faible en comparaison de ce qu'il pouvait être.

Le conseil de guerre, à l'unanimité, a prononcé l'acquittement du commandant Galiber.

## XXX

#### NAUFRAGE DU GEORGETTE

Le journal de l'Australie, *Inquirer and commercial news*, a donné le récit suivant, reproduit par le *Journal officiel* (30 mai 1877), d'un trait d'héroïsme accompli par une jeune dame anglaise à Perth (Australie occidentale) :

Dans le courant de janvier dernier, le steamer *Georgette* fut jeté à la côte près de Perth. Une embarcation fut mise à la mer pour opérer le sauvetage. Mais la houle était si forte que, dès le premier coup de rame, le canot chavira, et son équipage mit une heure à le remettre à flot pour retourner au navire. Il s'y munit d'une amarre en prenant à bord quelques femmes et des enfants, et essaya de gagner le rivage pour y établir un va-et-vient qui pût faciliter le débarquement des naufragés.

Le bateau, roulé encore par le ressac, se remplit et tous ceux qui le montaient se débattaient dans l'eau en grand danger, lorsque apparut sur le rivage une jeune amazone. Il paraissait impossible qu'on pût descendre à cheval la pente raide qui du point où se tenait l'écuyère menait à la mer. Mais la demoiselle, miss Grâce Vernon Russel, la descendit sans hésiter.

Elle lança sa monture au milieu des flots qui se brisaient sur les écueils, et réussit à atteindre le canot, auquel se cramponnaient affolés les femmes et les enfants. Elle prit le bout de l'amarre, et établit elle-même le va-et-vient qui lui permit, en multipliant ses voyages, de ramener à terre, femmes, enfants et jusqu'au dernier homme. Après ce travail héroïque, elle eut encore le courage de galoper jusqu'à la maison de sa sœur, Mme Brockman, distante de douze milles, afin d'y chercher des secours pour les malheureux demi-noyés et demi-nus sur le bord de la mer.

Sa sœur, à la nouvelle de ce malheur, monte à cheval à son tour et, munie de provisions, va les porter aux pauvres naufragés. Le lendemain on les conduisait à la maison de M. Brockman, à Busselton, où ils furent l'objet des soins les plus empressés. Malheureusement Mme Brockman avait pris froid dans sa course vers le rivage, et elle mourut quelques jours après d'une fièvre cérébrale. La « Société Royale humaine » a décerné l'une de ses premières médailles à sa courageuse sœur.

# CONCLUSION

### SOCIÉTÉS DE SAUVETAGE DES NAUFRAGÉS
### PHARES. — POSTES SÉMAPHORIQUES. — PRÉVISION DU TEMPS
### LOIS DES TEMPÊTES

Après tant de tristes récits, qui nous ont montré les violences de la mer, et trop souvent l'impuissance des plus énergiques efforts pour y résister, nous devons maintenant rappeler comment le génie et la volonté humaine n'ont pas reculé devant ces terribles luttes, et par quelles conquêtes le marin, guidé par la science et secouru par tant de bienfaisants progrès, peut aujourd'hui traverser avec moins de périls les plus dangereux parages et les plus redoutables tempêtes.

Mais nous remonterons d'abord à la source de ces progrès, en indiquant le progrès si grand qui les domine tous, et qui doit rester malgré tout notre commune espérance au milieu des épreuves que nous traversons encore : le progrès de l'humanité.

Le jurisconsulte Valin rapporte que, dans certaines parties de l'Allemagne, on priait Dieu publiquement pour qu'il y eût beaucoup d'échouements sur les côtes. Le *Journal de Verdun* témoigne aussi de cette coutume impie ; on lit dans ce journal (août 1721) : « Il s'était glissé un abus assez singulier dans les églises protestantes de l'électorat du Hanovre ; on y faisait des prières publiques, surtout dans les temps orageux et tempêtueux, pour demander au ciel que les marchandises et les autres effets des vaisseaux qui font naufrage dans l'Océan germanique fussent jetés sur les côtes de cet électorat plutôt qu'ailleurs, afin d'en pouvoir profiter. Le conseil chargé de la régence de cet État en l'absence du roi George, son souverain, a défendu, sous de rigoureuses peines, de continuer ces prières. »

En 1794, Cambry, dans son excellent livre sur la Bretagne, disait, en décrivant les grèves sauvages du district de Lesneven : « Les naufrages sont communs sur ces côtes. Ils entretiennent chez l'habitant un amour du pillage que rien n'a pû détruire ; il regarde comme un don du ciel tous les objets que la tempête et la mer peuvent apporter sur la côte. Il existe pourtant des familles qui ne participent jamais à ces vols ; qui se croiraient déshonorées si, quand la multitude court au rivage et va se partager la dépouille des naufragés, elles faisaient un pas pour y participer. »

M. Yan'Dargent, auteur d'un tableau : *les Pilleurs de mer à Guisseny*, reproduit par le *Magasin pittoresque*, écrivait au directeur de cet intéressant recueil : « Autrefois, entre Roskoff et le Conquet, et notamment vers Ploumeur, Guisseny et Kerlouan, les pilleurs de mer attachaient une lanterne sur la tête d'une vache, et, après avoir entraîné l'animal vers le rivage, ils le faisaient marcher la nuit sur les rochers battus par la tempête. Les oscillations de la lumière la faisant ressembler à celle d'un fanal de navire balancé par les vagues, les marins tourmentés au large se croyaient plus éloignés de la côte, et attirés par l'espoir, venaient échouer sur les récifs. Cette coutume barbare était très-ancienne en Bretagne, et remontait au temps des invasions normandes et anglo-saxonnes sur la péninsule armoricaine. »

Nous voyons dans les *Annales du sauvetage*[1] qu'aujourd'hui encore il existe sur les côtes d'Angleterre « toute une flottille de bateaux montés par des marins avides, rôdant sans cesse dans le voisinage des bancs pour épier les navires, les sauver de gré ou de force d'un péril parfois imaginaire, et rançonner ensuite les armateurs à la faveur d'une législation qui met ces derniers à leur discrétion.

« Ces hommes, leurs compatriotes les appellent *naufrageurs*, et c'est leur véritable nom. Jadis ils attendaient à la côte les épaves que la tempête y poussait ; maintenant, ils vont les chercher en mer. Le mal est arrivé à un tel excès, que l'opinion publique s'émeut ; le gouvernement français est assailli de plaintes élevées par ses nationaux ; les armateurs

---

[1] Mars 1867. — Février 1870.

Les pilleurs de mer.

français eux-mêmes sont souvent victimes d'extorsions et de violences. Dernièrement, les assureurs de la place de Paris, voulant appuyer les démarches faites par une association anglaise, en vue de faire cesser ces actes odieux, ont publié et répandu une note dans laquelle ils les dénoncent en termes énergiques. »

Hâtons-nous d'ajouter que les grands services rendus aux naufragés par les institutions de sauvetage de la Grande-Bretagne, et la formation des brigades de sauveteurs volontaires qui ont surgi dans ces dernières années sur tous les points du littoral, témoignent assez du dévouement et du désintéressement, des sentiments d'humanité du peuple anglais, au sein duquel le comité qui s'est constitué pour arrêter les odieuses spéculations des naufrageurs, appuyé par l'établissement des cours locales d'Amirauté, réussira certainement à faire justice de ces instincts de déprédation et de piraterie, derniers vestiges d'un autre âge.

Nous n'avons pas à faire ici l'histoire des Sociétés de sauvetage des naufragés, qui ont eu leur berceau en Angleterre, et dont nous avons rappelé ailleurs [1] l'origine et les récents progrès. Il nous suffira de dire qu'en France la Société centrale, fondée en 1865 sous la présidence de l'amiral Rigault de Genouilly, ministre de la marine, a établi déjà cinquante stations de canots de sauvetage et trois cent quarante postes de porte-amarres. Le nombre des personnes sauvées avec

---

[1] *Les Tempêtes*, 4ᵉ édition.

les engins de la Société s'est élevé à plus de douze cents, et le total des navires sauvés ou secourus à trois cent quatre-vingts. Jusqu'ici, les sympathies n'ont pas fait défaut à cette Société, qui a pu dépenser des sommes considérables pour l'achat et l'entretien de son matériel. Mais les ressources actuelles sont loin de suffire encore à tous les besoins, et le Conseil sollicite avec instances le concours des personnes bienfaisantes pour achever la tâche qu'il a entreprise.

Les *Annales du sauvetage maritime*, excellent recueil publié par la Société, contient les faits de nature à instruire les navigateurs, les découvertes, les inventions susceptibles d'augmenter leur sécurité. Il relate aussi les traits de courage de nos marins, les dangers auxquels ils se sont volontairement exposés, le sang-froid, l'habileté dont ils ont fait preuve, et contribue ainsi à développer parmi leurs camarades « cette folie du dévouement dont chacun d'eux possède le germe, et qui suscite sur les côtes des populations de héros. »

Son Ém. le cardinal de Bonnechose, dans son éloquent discours à l'Assemblée générale du 8 avril 1875, dont il était le président, disait :

« …. Lorsque vos agents aperçoivent au loin un navire en détresse et entendent son canon d'alarme, demandent-ils s'il est français, italien, allemand, chrétien, juif ou mahométan ? Non, sans doute : il suffit à vos intrépides sauveteurs, pour s'élancer à son appel sur les vagues en furie, de savoir qu'à son bord il y a des hommes et des hommes en danger.

Alors, rien ne leur coûte, rien ne les arrête. Ni les mugissements de la tempête, ni les flots blanchis d'écume, ni les abîmes entr'ouverts, ni la sinistre lueur des éclairs sillonnant les ténèbres de la nuit, ni les gémissements et les angoisses de leurs femmes et de leurs enfants en pleurs sur le rivage, ne peuvent enchaîner le dévouement de ces braves marins. Une voix pour eux domine toutes les autres : c'est celle du devoir, c'est le cri du cœur : « Sauvons nos frères ! »

Dans le rapport annuel présenté à l'Assemblée général du *National Life-Boat Institution*, tenue à Londres le 15 mars 1870 sous la présidence du duc de Northumberland, nous voyons que le nombre des canots de sauvetage entretenus par cette puissante institution est de 240, qui n'ont pas sauvé moins de 371 personnes dans le courant de l'année où les coups de vent se sont produits avec une violence exceptionnelle et ont causé de nombreux sinistres. « Quelques-uns de ces sauvetages, dit le rapport, se sont accomplis pendant le jour, au milieu de véritables ouragans, d'autres pendant l'obscurité des nuits orageuses sillonnées d'éclairs. Mais le résultat de toutes les sorties était le même : une cargaison humaine arrachée des dangers et ramenée au port ; et ces immenses services se sont accomplis sans accident ; pas un de nos braves et héroïques sauveteurs n'a payé de sa vie son dévouement, et pourtant le danger était parfois si effrayant, que la vue de malheureux luttant contre la mort pouvait seule le faire affronter. »

Le nombre des personnes sauvées par le concours

de la Société des *life-boats*, depuis sa fondation en 1824 jusqu'au 31 décembre 1869, s'élève à 19,080. Durant cette période, il a été dépensé pour l'établissement de *life-boats* ou d'autres moyens de secours, six millions; on a distribué, en outre, 90 médailles d'or, 814 médailles d'argent et des récompenses pécuniaires pour 807,500 fr. Les recettes totales se sont élevées en 1869 à 1,010,200 fr. Les legs reçus par l'institution pendant cette même année montent à 472,900 fr.; l'un deux atteint le chiffre de 250,000 fr. Le capital de la Société est actuellement de 2 millions. Les dépenses en 1869 ont atteint 755,000 fr. En présence de ces chiffres, il est impossible de ne pas admirer la grandeur des résultats obtenus et de ne pas espérer voir s'étendre aussi et se perpétuer une œuvre si féconde chez les nations maritimes, qui presque toutes, depuis l'exemple donné par l'Angleterre, où le premier *life-boat* fut construit en 1789, ont institué des sociétés de sauvetage.

L'utilité de ces sociétés est évidente; mais pour la faire mieux apprécier encore et montrer la nécessité de leur développement, nous n'aurons qu'à citer les chiffres suivants publiés par le Lloyd anglais dans sa *Statistique générale des naufrages* : en 1866, le nombre total des sinistres parvenus à la connaissance du Lloyd s'élevait à 11,711; en 1867, à 12,513, et en 1868, à 12,111. Sur ce dernier nombre 1,909 bâtiments ont été complétement perdus. Les équipages de 42 d'entre eux ont péri et le Lloyd a enregistré en outre la perte de 1,995 personnes. Le bulletin de la statistique des sinistres maritimes du mois de mars 1872 constate que le nombre des navires à voiles perdus totalement, pendant ce mois, s'est élevé à 239, et le nombre des navires à vapeur également perdus pendant la même période, à 25. Ces documents parlent assez haut pour accroître incessamment le nombre des personnes généreuses dont la libéralité permet aux sociétés de sauvetage de diminuer, par tous les moyens possibles, le nombre des victimes que font les naufrages.

C'est dans ces dernières années que le canot de sauvetage, successivement perfectionné, est arrivé à produire les excellents résultats que nous avons signalés. Des espaces remplis d'air maintiennent cette embarcation à flot, alors même qu'elle est submergée par une lame. Une disposition spéciale permet à l'eau embarquée de s'écouler en quelques secondes ; enfin elle ne peut rester chavirée et se retourne immédiatement lorsqu'elle est roulée par la mer ou couchée par la force du vent.

En France, la Société centrale a publié un *Manuel du sauvetage maritime*[1] dont le but est ainsi indiqué dans l'introduction : « Après avoir demandé et obtenu que l'étude des moyens de sauvetage fît partie désormais des connaissances exigées de tout marin autorisé à commander un navire, la Société centrale ne pouvait se dispenser de réunir dans une sorte de

---

[1] En vente au siége de la *Société centrale de sauvetage des naufragés*, rue de Grenelle, 59, à Paris.

traité les éléments de cette branche nouvelle de l'art naval.

« Dans cet exposé, on s'est attaché principalement à donner des notions générales et théoriques sur chaque espèce d'appareils, en y joignant la description et le mode d'emploi de ceux qui, étant les plus répandus, peuvent être considérés comme des types. On a suivi d'ailleurs l'ordre du programme formulé par le ministre de la marine.

« Le manuel proprement dit est suivi de deux documents qu'il est utile pour un marin d'avoir constamment sous la main. Le premier est un questionnaire rédigé par le ministère de la marine sur les règlements relatifs à l'éclairage des navires et aux manœuvres à faire pour éviter les abordages; le second est la liste des stations et des postes de sauvetage établis actuellement sur les côtes de l'ancien et du nouveau monde. »

— « C'est avec une vive satisfaction, disait à ce sujet le journal anglais le *Life-Boat*, que nous constatons les progrès rapides et incessants de la Société française de sauvetage et les services chaque année plus nombreux que rend cette institution... Un des résultats les plus considérables qu'elle ait obtenus est sans contredit l'obligation imposée désormais à tous les capitaines français, lors de leurs examens, de justifier de leurs connaissances relatives au sauvetage des naufragés.

« Ce serait un grand bienfait (*a great blessing*) si les marins de toutes les nations maritimes étaient familiarisés avec les sujets qui viennent d'être indiqués. Cela assurerait le salut de bien des centaines de personnes qui périssent sur mer par la faute des équipages ignorant les moyens de salut les plus élémentaires ou négligeant de les employer. »

Canot de sauvetage.

En Angleterre et aux États-Unis, l'usage des embarcations de sauvetage est obligatoire pour certaines catégories de navires. Ces embarcations, destinées à assurer le salut de l'équipage et des passagers en cas de sinistre, peuvent aussi être très-utiles dans les circonstances ordinaires de la navigation et il est bien à désirer qu'en l'absence de règlement, les armateurs français en fournissent à leurs bâtiments au moins une ou deux, suivant le tonnage. De solides radeaux de sauvetage, dont le *Manuel* donne la description, peuvent aussi être rapidement construits sur les navires en péril.

Un appareil essentiel que l'on trouve dans les stations établies par la Société centrale et qu'elle n'a cessé de recommander, la ceinture de sauvetage, devrait faire partie du bagage de tout marin. On se rappelle le naufrage du paquebot *le Général-Abbatucci*, qui, après un abordage, dans la nuit du 7 mai 1869, sombra à petite distance des côtes d'Italie, entraînant dans l'abîme la plus grande partie de son équipage et de ses passagers. A la suite de ce naufrage, l'amiral Rigault de Genouilly adressait aux chambres de commerce des ports, au nom de la Société centrale, une lettre dans laquelle il appelait leur attention sur l'utilité que présenterait l'embarquement de ceintures de sauvetage à bord, soit pour prévenir les accidents auxquels sont fréquemment exposés les marins, soit pour assurer au besoin à l'équipage et aux passagers un précieux moyen de salut. L'amiral rappelait que lors de l'incendie du paquebot hambourgeois *l'Austria*[1], en 1858, quatre cent quatre-vingt-trois personnes ont péri en vue du trois-mâts *le Maurice*, de Nantes, qui s'approchait pour les recueillir. Au mo-

---

[1] On trouvera l'émouvante relation de cet incendie dans le très-intéressant ouvrage de M. Levot, conservateur de la bibliothèque du port de Brest : *Récits de naufrages, incendies, tempêtes et autres événements de mer.*

ment suprême où s'engloutit *le Général-Abbatucci*, le jour s'était levé et deux bâtiments étaient en vue venant au secours des naufragés, qui auraient été sauvés s'ils avaient pu se maintenir quelque temps à flot. La dépense de ceintures de sauvetage est peu élevée, et, depuis quelques années déjà, la Société centrale a offert, en vue d'en propager l'usage, de les céder au prix coûtant, c'est-à-dire à 6 fr. 50, à toute personne qui lui en ferait la demande. Aux États-Unis, la loi oblige, sous des peines sévères, les armateurs à pourvoir leurs navires de ceintures de sauvetage en nombre égal à celui des passagers. En Angleterre, toutes les grandes compagnies de paquebots ont adopté spontanément cette mesure. Il en est de même en France pour la Compagnie des Messageries Impériales et pour la Compagnie générale Transatlantique. Les *Annales du sauvetage* donnent aussi d'intéressants renseignements sur les matelas de hamac insubmersibles, en liége, adoptés dans la marine russe, et qui seraient une très-utile acquisition pour toutes les marines, non-seulement au point de vue des naufrages, mais encore à cause des grandes chances que courent maintenant les navires de guerre de couler rapidement avec tout ce qu'ils ont à bord, par suite de l'usage des torpilles et des béliers à vapeur.

Le *Manuel* renferme une très-utile instruction, reproduite sur une feuille à part distribuée dans tous nos ports, pour l'établissement d'un va-et-vient entre la terre et un navire naufragé. Une ligne attachée à un boulet ou à une fusée est lancée de manière à passer autant que possible entre les mâts du navire ; au moyen de cette ligne, un cordage plus fort est ensuite roidi et sert au transport des naufragés. Les bâtiments qui portent des petits canons peuvent facilement les transformer en porte-amarres. On peut aussi employer les forces de la mer et du vent, avec des flotteurs ou un cerf-volant, pour établir le va-et-vient. De nombreux postes de porte-amarres, munis de bouches à feu, de fusils de rempart, de mousquetons, ou simplement de cordes et de ceintures, ont été établis sur les points les plus dangereux des côtes maritimes par les soins des Sociétés de sauvetage. Au début de la dernière guerre, une circulaire de l'amiral présidant la Société centrale, aux comités du littoral, faisait appel au dévouement de toutes nos stations de sauvetage, pour le cas où un combat naval viendrait à être livré dans leurs parages. « Dans ce cas, disait l'amiral, le canot de sauvetage serait mis à la mer et armé, prêt à recueillir, sans distinction de nationalité, les équipages dont les bâtiments sombreraient dans la lutte. Il porterait à l'arrière le pavillon national, et à l'avant le pavillon hospitalier blanc à croix rouge, conformément aux stipulations de la convention de Genève. »

La ceinture de phares et de balises qui garnit aujourd'hui les côtes contribue puissamment à diminuer les naufrages. On ne se borne pas à placer des feux aux entrées des ports et près des embouchures des fleuves ; la plupart des grands caps et les parages semés d'écueils en ont été pourvus. Les points les plus caractéristiques du littoral ont reçu les appareils de plus grande portée, tandis que les ports et les embouchures ne possèdent que des signaux d'importance secondaire. On est arrivé, particulièrement en France et

Station de porte-amarres.

en Angleterre, à un système d'éclairage tel qu'il est impossible aux navigateurs d'approcher des côtes sans avoir au moins un feu en vue tant que l'atmosphère n'est pas embrumée.

Afin d'éviter les méprises auxquelles pourraient exposer des feux si multipliés, il a fallu en diversifier assez le caractère pour que dans le cas de la répétition d'un même genre d'appareils, il y eût entre eux un éloignement beaucoup plus grand que la limite des erreurs possibles dans le calcul de la position du navire. Les édifices consacrés aux phares sont souvent des monuments remarquables par leur élégante solidité et par leur ingénieuse construction. Un de nos plus anciens phares, celui de Cordouan, qui s'élève à l'embouchure de la Gironde sur un rocher couvert de trois mètres d'eau à haute mer, est encore cité parmi les plus beaux et les plus majestueux.

Les difficultés à vaincre pour élever les phares en pleine mer sont souvent très-grandes, et l'art de l'ingénieur a accompli de remarquables progrès sous ce rapport. Un juste tribut de reconnaissance est dû par les navigateurs à ceux qui ont pris part à ces constructions avec le calme et persévérant courage qu'elles exigent. Nous citerons à ce sujet le phare des Héaux[1] de Bréhat, situé près du cap le plus septentrional de la presqu'île bretonne. Le plateau des Héaux, choisi par l'ingénieur à 5 kilomètres du cap, avait 500 mètres de diamètre à marée basse, mais il était entièrement submergé à mer haute, sauf quelques rares aiguilles. Ces parages sont sillonnés par de très-forts courants de marées, et quand l'agitation de la mer s'y joint, les vagues sont d'une violence extrême. On dut consacrer deux ans à la construction de l'édifice, après une campagne d'une année employée en préparatifs.

---

[1] *Mémoire sur l'éclairage et le balisage des côtes de France,* par L. Reynaud, inspecteur des ponts et chaussées.

Nous citerons encore le phare construit sur la chaussée de Sein, longue ligne de récifs signalée par tant de naufrages. La roche d'Ar-Men, choisie pour servir de base à la construction, mesure de sept à huit mètres de large sur quinze mètres de long, au niveau des plus basses mers. Elle est tellement balayée par le ressac, que même par un beau temps on ne peut l'accoster qu'avec difficulté. Pour arriver à y asseoir la maçonnerie, il fallait sceller dans la pierre une série de barres de fer s'élevant verticalement d'un mètre environ. Les vaillants pêcheurs de l'île de Sein commencèrent ce travail. Ils guettaient les rares instants où l'état de la mer permettait d'attaquer la roche avec les instruments dont on leur avait appris l'usage. Quand la vague les emportait, ils se soutenaient à l'aide de la ceinture de sauvetage jusqu'au moment où un bateau pouvait les recueillir. Marins et ouvriers étaient admirables de courage et de persévérance.

Le phare doit être à huit étages, ayant ensemble trente mètres de hauteur et portant un feu de premier ordre. La commission des récompenses de l'Exposition universelle de Vienne a accordé une médaille aux constructeurs du phare d'Ar-Men. Ce monument fait le plus grand honneur à l'administration des ponts et chaussées, qui aura accompli un travail gigantesque avec le vaillant concours de nos ouvriers marins.

L'un des étages du phare doit recevoir une trompette à air comprimé, semblable à celle établie en 1867 sur l'extrémité de l'île d'Ouessant. L'air qui la fait résonner est comprimé dans un réservoir en tôle par deux pompes à vapeur. La machine qui met ces pompes en mouvement fait tourner la trompette, de manière à la diriger successivement vers tous les points de l'horizon.

Le balisage se compose d'amers construits en maçonnerie ou en charpente, et peints de couleurs qui contrastent avec les lieux environnants, — de balises constituées soit par des tourelles maçonnées, soit par des tiges de bois ou de fer ayant un ballon à leur extrémité, — de flotteurs à cloches que les oscillations incessantes de la mer mettent en mouvement, — enfin de bouées, qui sont souvent garnies de voyants propres à réfléchir la lumière.

Les signaux à faire en temps de brume sont très-importants pour indiquer aux navigateurs l'entrée d'un port ou la position d'un danger. On emploie en Angleterre des tam-tam à bord de la plupart des bateaux à feux flottants; mais ces instruments ne portent guère qu'à 500 mètres, tandis que les sons de la trompette inventée en France, dont l'usage paraît se propager, sont perçus à plus de 2 kilomètres de distance. Le plus souvent, on se sert de cloches dont on varie les sonneries, afin d'indiquer les différentes stations. L'expérience montre qu'une cloche du poids de 100 kilogrammes, qui est le plus généralement employée, se fait entendre par bonne brise à 1,200 mètres quand le vent est debout, à 2,000 mètres par vent de travers, et par calme ou faible brise à 2,500 mètres.

Un grand nombre de naufrages, par suite d'abordages de nuit entre des navires, ont eu lieu récemment, et ces rencontres se sont surtout multipliées entre les bâtiments à vapeur. L'emploi de feux de bord et de règles pour la manœuvre récemment adoptées dans une convention internationale peuvent conjurer ce danger. Mais ces règles ont l'inconvénient de laisser peser la responsabilité sur un seul des bâtiments, et on a cherché une solution dans des manœuvres simultanées propres à écarter les navires. Il faudrait, pour exécuter ces manœuvres avec la rapidité qui en assurerait presque toujours le succès, qu'un système d'éclairage approprié permît à chacun des navires de bien connaître la route de l'autre. Aux fanaux directement placés à bord dans ce but on peut ajouter les avertissements donnés par des coups de sifflet.

Dans les parages très-fréquentés par des navires suivant des routes directement opposées, le nombre des abordages pourrait être considérablement diminué si l'on convenait, comme l'a proposé le commandant Maury dans ses *Instructions nautiques*, de routes spéciales pour les navires qui marchent en sens contraire.

Nous avons encore à mentionner les avis télégraphiques du temps, qui mettent les navires en garde contre les tempêtes prochaines, et qui leur sont transmis par les sémaphores établis sur les principaux points des côtes maritimes. En Angleterre, le Bureau météorologique, dont le siége est à Londres, avertit les ports et les stations de pêche des mauvais temps probables qui menacent les îles Britanniques[1]. Aussitôt après la réception de ces avertissements, on les fait connaître au moyen d'un cylindre hissé au haut d'un mât où on le laisse en vue pendant trente-six heures au plus. Ce cylindre, qui mesure un mètre au moins de côté, a l'apparence d'un carré noir, facile à distinguer. Son apparition ne donne pas la certitude du vent ou du temps à venir ; elle indique seulement qu'il existe quelque part une perturbation atmosphérique pouvant atteindre le lieu où le signal est hissé, indication dont l'utilité est évidente. Ce système d'avertissement ne concerne que les grandes perturbations de l'atmosphère. Les changements locaux, d'une moindre étendue, sont indiqués aux observateurs par les instruments météorologiques et par les signes du temps connus dans le lieu même. Une étude régulière des bulletins publiés chaque jour dans les journaux de Londres par le Bureau météorologique, bulletins qui font connaître le temps régnant dans d'autres stations, est très-utile pour la prévision des variations atmosphériques. Ce bulletin journalier est envoyé sans frais dans tous les ports dont les autorités prennent l'engagement de le publier sitôt réception. Le *Manuel barométrique*, que nous venons de citer, contient d'ailleurs les instructions les plus précises pour prévoir, d'après les indications des instruments et les pronostics tirés de l'état du ciel, les changements pro-

---

[1] Nous empruntons les détails qui suivent au *Manuel barométrique* rédigé sous la direction du comité météorologique de Londres, par M. Robert H. Scott, directeur du bureau météorologique (Londres, 1869).

bables du temps. Ces instruments, baromètre, thermomètre et hygromètre, sont installés, par les soins du Bureau météorologique, sur les principaux points des côtes d'Angleterre, et consultés avec grand profit, comme le constate l'expérience de ces dernières années, par les marins et les pêcheurs. Nous avons donné de plus amples détails à ce sujet dans un résumé des progrès de la météorologie pratique[1].

En moyenne, sur 250 dépêches annuelles télégraphiées par le Bureau météorologique de Londres aux différents points des côtes du Royaume-Uni, et portant avertissement de hisser les signaux de tempête, 45 pour 100 ont été justifiées par la tempête qui a suivi ; dans 34 pour 100 des cas, elles ont été justifiées par de forts vents ne s'élevant pas jusqu'à la tempête ; 4 pour 100 des dépêches sont arrivées trop tard ; 17 pour 100 n'ont pas été justifiées par l'événement.

Le nombre des stations météorologiques existant aux États-Unis s'élève à près de cent cinquante. Elles sont distribuées de manière à représenter le mieux possible toutes les situations locales. Les observations s'y font aux mêmes heures, en suivant les instructions du Bureau central de Washington, auquel les résultats sont transmis. Les transmissions s'opèrent avec une telle rapidité qu'une heure après le moment où l'observation a été faite, une station quelconque connaît les données de toutes les autres. Ces documents, arrivés dans chaque station, sont résumés en un tableau

---

[1] *Les Météores*, 4ᵉ édition.

numérique et une carte, qui sont affichés à la porte de la station météorologique, à la chambre de commerce, et en général dans tous les points où ils peuvent parvenir le plus promptement possible à la connaissance du public.

La somme votée annuellement par le congrès, pour le service de la prévision du temps, monte à un million deux cent cinquante mille francs, chiffre qui dit assez les résultats pratiques déjà obtenus.

En France, un Bureau météorologique établi au ministère de la marine transmet électriquement les avis de tempêtes aux préfets maritimes et aux autorités des principaux ports de la partie des côtes menacée. Ces avis sont ensuite reçus par tous les sémaphores de l'arrondissement, qui les font connaître au large par leurs signaux, et en informent par le télégraphe les ports situés hors de vue. A la réception du télégramme, chaque port ou sémaphore hisse le cylindre pour trente-six heures et affiche le texte explicatif. Les sémaphores annoncent aux pêcheurs, matin et soir, et chaque fois qu'il y a lieu dans la journée, le temps qu'il fait au large, au moyen d'un petit nombre de signaux faciles à distinguer.

Il y a des ports, dont il faudrait augmenter le nombre, où un baromètre est installé de manière à pouvoir être consulté par le public. On affiche à côté de cet instrument : l'état général de l'atmosphère, transmis par un télégramme de l'Observatoire de Paris, et rédigé d'après les données du service météorologique international ; — l'état du temps et de la mer dans les principaux ports voisins, donné par les sémaphores, renseignements très-utiles aux marins qui savent les consulter.

Les dispositions générales que nous venons de citer permettent de porter aussi à la connaissance des populations maritimes de France les avis de tempête envoyés par le Bureau météorologique de Londres.

En traçant aux navigateurs des routes plus sûres et plus rapides, en leur faisant connaître les lois qui président au mouvement des plus redoutables tempêtes, les beaux travaux de Maury, de Piddington[1] et d'autres éminents météorologistes, ont diminué les périls de la mer et le nombre des naufrages. Au milieu des ouragans, sur le passage des formidables cyclones qui soulèvent la mer en vagues monstrueuses, le marin, éclairé par la science, peut maintenant diriger son navire avec l'espoir fondé d'échapper aux dangers qui viennent l'assaillir. Dans le voisinage des côtes, près des écueils qui accroissent et multiplient ces dangers, il trouve encore des guides qui l'aident à les conjurer ou des secours qui l'entourent s'il y succombe. Le pavillon des sémaphores, qui flotte parfois près des anciens sanctuaires dédiés aux dieux sauveurs, l'éclatante lumière des phares, au milieu des nuits d'orage, lui disent qu'il n'est plus seul dans sa vaillante lutte contre les éléments et qu'avec lui combat l'humanité. Noble et touchant progrès de la civilisation, belles conquêtes de la science, qui doivent aussi affermir

[1] *Géographie physique et météorologie de la mer.* — *Les lois des tempêtes.*

notre espoir et nous encourager, dans les jours d'épreuve, à lutter contre le mal, et à poursuivre avec une énergique confiance notre lente marche vers l'avenir de paix et de concorde qu'appellent la beauté de nos croyances, la grandeur de nos aspirations, et la puissance du génie dont les victorieux efforts soumettent la nature à notre bienfaisante domination.

# TABLE DES FIGURES

Naufrage des vaisseaux de *l'Armada* . . . . . . . . . . . . . 15
Naufrage du *Speedwell*. . . . . . . . . . . . . . . . . . . . 22
Recherche des galions dans la baie de Vigo. . . . . . . . . 31
Naufrage du *Saint-Géran*. . . . . . . . . . . . . . . . . . . 37
Incendie et naufrage du vaisseau *le Prince*. . . . . . . . . 49
Naufrage du *Jong-Thomas*. . . . . . . . . . . . . . . . . . 59
La maison Bouzard, à Dieppe. . . . . . . . . . . . . . . . 67
Naufrage de deux chaloupes dans le port des Français. . . . 75
Débris du naufrage de la Pérouse, au musée du Louvre. . . . 85
Construction du radeau de *la Méduse*. . . . . . . . . . . . 95
La radeau de *la Méduse*. . . . . . . . . . . . . . . . . . . 101
Naufrage du *Neptune*. . . . . . . . . . . . . . . . . . . . 113
Naufrage du *Kent*. . . . . . . . . . . . . . . . . . . . . . 125
Naufrage de *l'Aventure*. . . . . . . . . . . . . . . . . . . 134
Naufrage de *l'Amphitrite*. . . . . . . . . . . . . . . . . . 145
Naufrage de *la Marne*. . . . . . . . . . . . . . . . . . . . 159
Naufrage du *Colibri* . . . . . . . . . . . . . . . . . . . . 169
Naufrage de *la Doris*. . . . . . . . . . . . . . . . . . . . 177
Naufrage du *Papin*. . . . . . . . . . . . . . . . . . . . . 182
Naufrage du *Henri IV*. . . . . . . . . . . . . . . . . . . . 191
Monument de *la Sémillante*. . . . . . . . . . . . . . . . . 208
Construction d'un canot par l'équipage du *Duroc*. . . . . . 213
Les canots du *Duroc*. . . . . . . . . . . . . . . . . . . . 217

| | |
|---|---:|
| Naufrage du *Borysthène*. | 233 |
| Naufrage du *London*. | 242 |
| Naufrage du *Jean-Baptiste*. | 249 |
| Naufrage du *Parangon*. | 253 |
| Ouragan à la Martinique | 261 |
| Les pilleurs de mer. | 283 |
| Canot de sauvetage. | 291 |
| Station de porte-amarres | 295 |

# TABLE DES MATIÈRES

*I.*

| | |
|---|---|
| I. Naufrage de la flotte de Xerxès sur les côtes de la Magnésie. | 1 |
| II. Naufrage des vaisseaux de *l'Armada* sur les côtes d'Écosse (1588). | 8 |
| III. Naufrage de la frégate *le Speedwell* en vue de la Nouvelle-Zemble (1676). | 18 |
| IV. Incendie et naufrage des galions d'Espagne dans la baie de Vigo (1702). | 28 |
| V. Naufrage du vaisseau de la Compagnie des Indes *le Saint-Géran* en vue de l'île de France (1744). | 34 |
| VI. Incendie et naufrage en pleine mer du vaisseau *le Prince*, de la Compagnie des Indes (1752). | 43 |
| VII. Naufrage du *Jong-Thomas* au cap de Bonne-Espérance (1773). | 56 |
| VIII. Naufrage au port de Dieppe (1778). | 62 |
| IX. Naufrage des frégates *l'Astrolabe* et *la Boussole* sur l'île Vanikoro. — Naufrage de deux chaloupes dans le port des Français (1785). | 69 |
| X. Naufrage de la frégate *la Méduse* sur le banc d'Arguin (1816). | 89 |
| XI. Naufrage en pleine mer du brick *le Neptune* (1821). | 110 |
| XII. Incendie et naufrage en pleine mer du vaisseau le *Kent* (1824). | 120 |

## TABLE DES MATIÈRES.

- XIII. Naufrage de la goëlette *l'Aventure* sur les îles Marion et Crozet (1825) . . . . . . . . . . . . . . . . . . 132
- XIV. Naufrage du trois-mâts *l'Amphitrite* en vue du port de Boulogne (1833) . . . . . . . . . . . . . . . . . 144
- XV. Naufrage de la corvette *la Marne* sur les côtes de l'Algérie (1841) . . . . . . . . . . . . . . . . . . . . 155
- XVI. Naufrage du brick *le Colibri* en vue des îles Radama (Madagascar) (1843). . . . . . . . . . . . . . . . 164
- XVII. Naufrage de la goëlette *la Doris* sur la rade de Brest (1845). . . . . . . . . . . . . . . . . . . . . . . 174
- XVIII. Naufrage de la corvette à vapeur *le Papin* sur les côtes du Maroc (1845) . . . . . . . . . . . . . . . . . . 180
- XIX. Naufrage du vaisseau *le Henri IV* et de la corvette à vapeur *le Pluton* sur la rade d'Eupatoria (1854). . . 184
- XX. Naufrage de la frégate *la Sémillante* sur l'île de Lavezzi (1855). . . . . . . . . . . . . . . . . . . . . . 196
- XXI. Naufrage de l'aviso à vapeur *le Duroc* sur le récif Mellish (Océanie) (1856). . . . . . . . . . . . . . . . 210
- XXII. Naufrage du *Borysthène* sur les côtes de l'Algérie (1865). 227
- XXIII. Naufrage du *London* dans le golfe de Gascogne (1866). 237
- XXIV. Naufrage du *Jean-Baptiste* dans les parages des Açores (1867). . . . . . . . . . . . . . . . . . . . . . 245
- XXV. Naufrage du *Parangon* sur les côtes de la Manche (1869). 251
- XXVI. Ouragan à la Martinique. — Sinistres (1872). . . . . 256
- XXVII. Perte du *Northflect* (1872). . . . . . . . . . . . . . 264
- XXVIII. Perte du *Forfait* (1875). . . . . . . . . . . . . . . . 271
- XXIX. Incendie et explosion du *Magenta* (1875). . . . . . . 274
- XXIX. Naufrage du *Georgette* (1877). . . . . . . . . . . . 278

Conclusion . . . . . . . . . . . . . . . . . . . . . . . 280

Typographie Lahure, rue de Fleurus, 9, à Paris.